新しい公害と環境問題

交通公害・日照不足・有害物質 ほか

監修　崎田裕子

まえがき

循環型社会の実現をめざす

監修 崎田裕子

　日本では、自然豊かな観光地や、多くの人が行きかう繁華街のほとんどの地域で、ごみ箱が設置されていないことに気づいていますか。

　理由は簡単です。ごみ箱を設置するとすぐにごみがあふれ、周囲までごみの投棄場所になってしまう恐れがあるからです。逆に、空港やＪＲなどの駅構内には資源とごみの分別ボックスがたくさん設置されていますが、それは管理する人員をきちんと配備できているからなのです。

　日本の観光地でごみ箱をなくす取り組みが最初に始まったのは、1972（昭和47）年のことです。群馬県や福島県などにまたがる自然豊かな尾瀬で、自然が荒らされ、ごみが散乱する状況をどうにか解決しようとして行われた「ごみ持ち帰り運動」でした。1950年代半ばから1970年代初めの高度経済成長期は、「産業型公害」が各地で発生して紛争にもなります。人口が増えてきた都市部でも「都市・生活型公害」が問題になり、休日には自然の中で楽しむ人たちが急激に増えてきました。

　そんな時期でしたので、尾瀬の自然を守る人々が始めた「ごみ持ち帰り運動」は、またたく間に全国の観光地だけでなく、街中にも定着したのです。

　問題はごみの散乱だけではありません。各地の森で家電製品の不法投棄が見られるようになり、典型7公害以外の公害として「廃棄物投棄」の解決が全国的な課題になりました。そこで、資源が循環する社会を目指し、1995（平成7）年に制定した「容器包装リサイクル法」を皮切りに、「家電」「食品」「建設」「自動車」「小型家電」などのそれぞれのリサイクル法が制定されるとともに、2000（平成12）年に「循環型社会形成推進基本法」が制定されました。こうして3R（リデュース・リユース・リサイクル）を徹底し、排出事業者や市民が責任をもって分別排出に参加する、新しい循環型社会づくりに向けた制度の基盤が固まりました。

　その後、2021（令和3）年には「プラスチック資源循環法」も策定され、レジ袋やストロー、ホテルの歯ブラシなど、使い捨てプラスチックをへらす取り組みも増えてきましたが、プラスチックによる海洋汚染はまだまだみんなで解決しなければならない重要課題です。

　また、2019（令和元）年に「食品ロス削減推進法」が制定され、食品ロスの削減を国民運動として広げようと叫ばれていますが、2050年の世界の予想人口97億人が栄養不足にならずに楽しく暮らすためにも、今、一人ひとりが自然の恵みの食品をしっかり残さないようにすることが重要です。2050年のゼロ・カーボン、ゼロ・ウェイストの実現に向けて、わたしたちができることを考え、みんなで実践の幅を広げていきたいものです。

目次

まえがき　循環型社会の実現をめざす　監修　崎田裕子	2
この本の使い方	4

第1章 新しい公害・環境問題の登場　6

公害苦情の調査　6
公害苦情の移り変わり　6
公害苦情への対応　7

産業型公害から都市・生活型公害へ　8
都市・生活型公害とは　8
廃棄物の不法投棄　9

交通公害　10
自動車交通公害　10
騒音・振動と排出ガスによる大気汚染　11
新幹線鉄道騒音　12
航空機騒音　13

近隣騒音・日照不足・光害　14
身の回りの騒音　14
日照不足と日影規制　15
光害の原因　15

一般廃棄物と産業廃棄物　16
廃棄物とは　16
廃棄物処理法での責任分担　17
廃棄物の排出量　17

いろいろな有害物質　18
ダイオキシン類　18
アスベスト（石綿）　18
光化学オキシダント　19
PM2.5（微小粒子状物質）　19
酸性雨　20
PFAS　20
マイクロプラスチック　21

ハイテク汚染と地下水の汚染　22
有機塩素系溶剤による土壌汚染　22
トリクロロエチレンによる環境汚染　22

第2章 公害・環境問題への取り組み　24

国・自治体・企業の取り組み　24
環境省の取り組み　24
国土交通省・東京都の取り組み　25
事業者などの取り組み　25

公害をふせぐための技術　26
最新の技術による土壌洗浄　26
排ガス処理装置　27
ばいじん除去技術　28
DPF（ディーゼル排気微粒子除去フィルター）の装着　29

動き出す国際社会との協力　30
地球環境問題　30
公害をなくすための主な国際条約　31

世界規模で行う気候変動対策　32
京都議定書の約束　32
パリ協定で1.5℃の約束　33

循環型社会を実現するために　34
循環基本法の制定　34
持続可能な社会に向けた取り組み　35

公害・環境問題をへらすため、わたしたちにできること　36
ふだんの生活を見直す　36
ごみをへらそう―3R　37
使い捨てプラスチックをへらすには　38
食品ロスをへらすには　40

コラム記事　原子力発電所事故による放射性物質の放出	42
巻末資料　公害・環境問題資料集・統計集ガイド ―アクセスして調べてみよう―	44
さくいん	46

この本の使い方

このシリーズ「四大公害病と環境問題」は、さまざまな公害問題を通じて現在問題となっている環境問題を見つめなおし、これからどう行動すべきかを考えるために制作しています。

『新しい公害と環境問題　交通公害・日照不足・有害物質ほか』の巻では、典型7公害にふくまれていない新しい公害や環境問題を主に取り上げます。

このシリーズを読んでいただくにあたっての重要なキーワードを紹介します。

①「四大公害病」
……以下の4つの公害病のこと。
水俣病・イタイイタイ病・
四日市ぜんそく・新潟水俣病

②「典型7公害」
……以下の7つの種類の公害のこと。
大気汚染・水質汚濁・土壌汚染・
騒音・振動・地盤沈下・悪臭

この本の巻末には、「原子力発電所事故による放射性物質の放出」、「公害・環境問題資料集・統計集ガイド ―アクセスして調べてみよう―」を掲載しています。資料として利用してください。

本文中のきまりごと

（➡〇〇ページ）⇒関連記事が載っているページを示す。

（■〇〇）⇒関連する巻を示す。書名は以下のように省略している。
『四大公害病　水俣病・イタイイタイ病・四日市ぜんそく・新潟水俣病』
　　　　　　　　　　　　　⇒『四大公害病』
『健康被害を引き起こす公害　大気汚染・水質汚濁・土壌汚染』
　　　　　　　　　　　　　⇒『健康被害を引き起こす公害』
『生活環境をそこなう公害　騒音・振動・地盤沈下・悪臭』
　　　　　　　　　　　　　⇒『生活環境をそこなう公害』
『新しい公害と環境問題　交通公害・日照不足・有害物質ほか』
　　　　　　　　　　　　　⇒『新しい公害と環境問題』

※⇒本文中の※印がついている用語は、欄外で意味や引用元などを説明している。

地図で見る公害

1960～1990年代は、公害が全国で発生し、被害を受けた方々や地域の人たちは苦労しながら、公害問題の解決に取り組みました。この地図では、その主な地域を紹介しています。右の表では、それぞれの公害の原因や、関連する巻などを掲載しています。

❸ 大阪国際空港騒音（大阪府・兵庫県）
❹ 西淀川公害（大阪府・兵庫県）
❺ 北九州地区公害（福岡県）
❻ 水俣病（熊本県・鹿児島県）
❼ 倉敷公害（岡山県）
❽ 四日市ぜんそく（三重県）

番号	名称／都道府県名	典型7公害分類	原因など	関連する巻
1	新潟水俣病／新潟県	水質汚濁	四大公害病のひとつ。工場排水にふくまれるメチル水銀による水質汚濁。	『四大公害病』
2	イタイイタイ病／富山県	水質汚濁	四大公害病のひとつ。鉱山の排水にふくまれるカドミウムによる水質汚濁。	『四大公害病』
3	大阪国際空港騒音／大阪府・兵庫県	騒音	大阪国際空港に離着陸する飛行機の騒音。	『生活環境をそこなう公害』
4	西淀川公害／大阪府・兵庫県	大気汚染	大阪市西淀川区にある工業地帯の工場や道路からの大気汚染。	『健康被害を引き起こす公害』
5	北九州地区公害／福岡県	大気汚染 水質汚濁	北九州工業地帯のばい煙による大気汚染、および排水によりヘドロが海底に蓄積。	『健康被害を引き起こす公害』
6	水俣病／熊本県・鹿児島県	水質汚濁	四大公害病のひとつ。工場排水にふくまれるメチル水銀による水質汚濁。	『四大公害病』
7	倉敷公害／岡山県	大気汚染 水質汚濁	水島コンビナートから排出された亜硫酸ガスなどによる大気汚染、排水による水質汚濁。	『健康被害を引き起こす公害』
8	四日市ぜんそく／三重県	大気汚染	四大公害病のひとつ。工業地帯のばい煙にふくまれる亜硫酸ガスによる大気汚染。	『四大公害病』
9	名古屋新幹線騒音公害／愛知県	騒音 振動	名古屋市内を通る東海道新幹線による騒音と振動。	『生活環境をそこなう公害』
10	田子の浦港ヘドロ公害／静岡県	水質汚濁	製紙工場からの排水により大量のヘドロが海底に蓄積する水質汚濁。	『健康被害を引き起こす公害』
11	川崎公害／神奈川県	大気汚染	京浜工業地帯の中心にある川崎市での大気汚染。	『健康被害を引き起こす公害』
12	杉並光化学スモッグ／東京都	大気汚染	大気汚染による日本で最初の光化学スモッグ。	『健康被害を引き起こす公害』
13	牛込柳町鉛中毒／東京都	大気汚染	自動車の排気ガスによる大気汚染。住民の体内から高い濃度の鉛が検出された。	『健康被害を引き起こす公害』
14	川崎製鉄千葉ばい煙／千葉県	大気汚染	川崎製鉄千葉製鉄所からのばい煙による大気汚染。	『健康被害を引き起こす公害』
15	江戸川漁業被害／東京都・千葉県	水質汚濁	本州製紙江戸川工場からの汚水による漁業被害。	『健康被害を引き起こす公害』
16	安中公害／群馬県	水質汚濁	東邦亜鉛からの排水にふくまれるカドミウムによる水質汚濁。	『健康被害を引き起こす公害』

5

第1章 新しい公害・環境問題の登場
公害苦情の調査

公害は、人々の生活や健康に密着した問題です。全国の都道府県、市区町村では、公害苦情の相談窓口を設けて、問題の解決のために努めています。公害等調整委員会では、全国の公害苦情相談窓口によせられた公害苦情を正確につかむため、毎年公害苦情調査を行っています。

公害苦情の移り変わり

公害の被害を受けている人は、状況を改善するため、不満をうったえることができます。この申し立てを公害苦情といいます。公害苦情受付件数は、2003（平成15）年に10万件を超えて過去最多になり、その後は少しずつ減少傾向にあります。2022（令和4）年度の公害苦情受付件数は71,590件で、前年度より2,149件減少しました。

また、公害苦情受付件数の中で、典型7公害のしめる割合は、1972（昭和47）年は全体の約90％をしめていました。その後、徐々にへり、2022（令和4）年は70.9％でした。一方、典型7公害以外の公害の苦情受付件数の割合は増えてきていて、1972（昭和47）年は全体の約10％でしたが、2022（令和4）年は約30％になっています。

典型7公害以外の公害の内容は、40％以上をしめる廃棄物投棄のほか、生いしげる雑草による不快な昆虫の大量発生など、多岐にわたります（➡9ページ）。生活の変化にともない、公害苦情の内容も変わってきています。

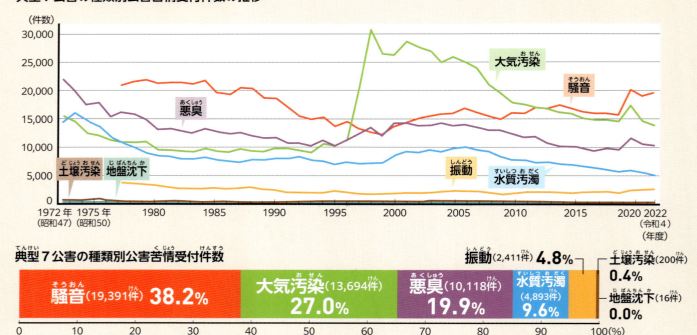

典型7公害の種類別公害苦情受付件数の推移

典型7公害の種類別公害苦情受付件数

騒音(19,391件) 38.2% ／ 大気汚染(13,694件) 27.0% ／ 悪臭(10,118件) 19.9% ／ 水質汚濁(4,893件) 9.6% ／ 振動(2,411件) 4.8% ／ 土壌汚染(200件) 0.4% ／ 地盤沈下(16件) 0.0%

2022（令和4）年度の典型7公害の公害苦情受付件数(50,723件)を種類別に見ると、「騒音」が19,391件(38.2％)と最も多く、次に「大気汚染」が13,694件(27.0％)、「悪臭」が10,118件(19.9％)となっていて、上位3つの公害苦情の合計は全体の85％を超えていることがわかる。

出典／総務省 公害等調整委員会の「令和4年度 公害苦情調査結果報告書」をもとに作成。

公害苦情への対応

公害苦情を適切に解決する制度

1970（昭和45）年、公害に関する紛争をすばやく適切に解決することを目的として、「公害紛争処理法」が制定されました。この法律にもとづき、地方公共団体は、苦情の受付や調査、当事者への指導や助言などを行い、関係機関と協力しながら、問題の解決をめざしています。

苦情処理の多くは「直接処理」されます。直接処理とは、苦情が解消したと認められる状況まで地方公共団体が措置を講じることです。下のグラフのように、2022（令和4）年度の公害苦情のうち、83.1%が直接処理によって解決されています。

また、この年度では、直接処理された典型7公害に対する苦情のうち、約66%が申し立てから1週間以内に処理が行われています。しかし、騒音と振動に対する苦情については、処理までの日数が比較的多くかかる傾向にあります。

紛争処理制度と処理機関の役割

公害苦情の多くは、直接処理によって解決されていますが、そこで問題が解決しない場合、「公害紛争処理制度」を利用することができます（📖『生活環境をそこなう公害』42、43ページ）。公害紛争の処理を担当する機関は、各都道府県の「公害審査会等」と、総務省の機関の一つとして設置されている国の行政委員会「公害等調整委員会」です。どちらが担当になるかは、紛争の規模や内容によって決まります。

たとえば、水俣病などのように生命に重大な被害が生じる事件や、被害総額が5億円以上の事件、都道府県をまたいだ公害紛争や、航空機等の騒音などのように広い範囲にわたる事件は「公害等調整委員会」の担当になります。それ以外の公害紛争は「公害審査会等」が担当します。どちらの機関も、当事者どうしの話し合いを進めたり、交渉が順調に行われるように仲介をしたりして、紛争の解決を図ります。ただし、法律判断を行う「裁定」は、「公害等調整委員会」のみで行います。

第1章 新しい公害・環境問題の登場

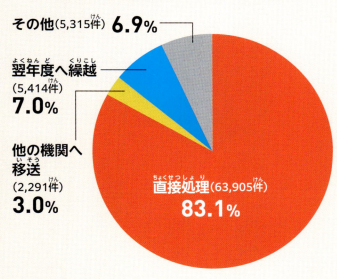

公害苦情の処理状況

- その他（5,315件）6.9%
- 翌年度へ繰越（5,414件）7.0%
- 他の機関へ移送（2,291件）3.0%
- 直接処理（63,905件）83.1%

全国の地方公共団体の公害苦情相談窓口によせられた公害苦情の処理状況〈2022（令和4）年度〉。
出典／総務省 公害等調整委員会の「令和4年度 公害苦情調査結果報告書」をもとに作成。

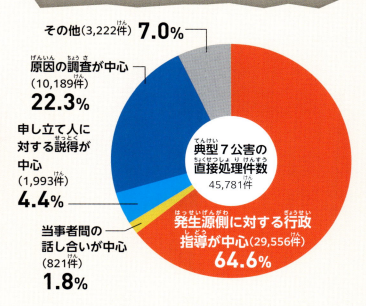

典型7公害の直接処理件数

- その他（3,222件）7.0%
- 原因の調査が中心（10,189件）22.3%
- 申し立て人に対する説得が中心（1,993件）4.4%
- 当事者間の話し合いが中心（821件）1.8%
- 発生源側に対する行政指導が中心（29,556件）64.6%

典型7公害の直接処理件数 45,781件

処理方法別に見た、典型7公害の公害苦情直接処理件数。
出典／総務省 公害等調整委員会の「令和4年度 公害苦情調査結果報告書」をもとに作成。

産業型公害から都市・生活型公害へ

都市・生活型公害とは

日本の高度経済成長期（1955～1973年ごろ）、産業の発展によって経済活動が拡大を続けました。それと前後して、日本の各地に産業型公害が発生しています。都市部には企業が集中するとともに、人口が流入していきました。多くの人が暮らす地域では、自動車などによる大気汚染、生活排水による河川の水質汚濁、ビルの建設工事の振動、近隣からの騒音など、都市・生活型といわれる新たな公害が発生しました。

都市・生活型公害は、それぞれの発生源こそ小さいものの、広い範囲に分散していて、十分に対応しきれない場合があります。そして、都市部は住宅地が密集している地域が多いため、被害を受ける人が多くなる傾向にあります。

2022（令和4）年度の発生原因別の公害苦情調査によると、最も多かった原因は工事・建設作業で、次に焼却（野焼き）、投棄された廃棄物と続きます。苦情を受けつけた都道府県の対応だけでなく、さらなる公害の拡大をふせぐため、国などが公害の発生源に対して対策をとり、原因となる物質の排出規制などが行われてきています。また、企業は公害防止の高度な技術を研究・開発し、公害発生の防止に努めています。

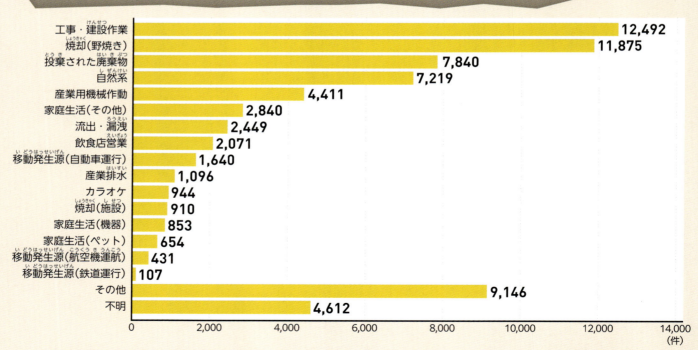

主な発生原因別公害苦情受付件数〈2022（令和4）年度〉

公害苦情受付件数（71,590件）の発生原因は、「工事・建設作業」が12,492件（17.4％）と最も多く、次いで「焼却（野焼き）」が11,875件（16.6％）、「投棄された廃棄物」が7,840件（11.0％）となっている。

出典／総務省 公害等調整委員会の「令和4年度 公害苦情調査結果報告書」をもとに作成。

廃棄物の不法投棄

公害苦情調査では、典型7公害以外の苦情を「廃棄物投棄」と「その他」に分けています。2022（令和4）年度の調査では、廃棄物投棄への苦情件数は前年よりもへりましたが、それでも9,000件を超えていました。そのうち、生活系のごみが6,902件で、3分の2以上をしめています。

家庭生活から発生する生活系のごみには、生ごみ・紙くず・新聞紙などの可燃物、空き缶・空きびん・乾電池などの不燃物、家具や家電製品などの粗大ごみがふくまれます。そのほか、畜産業などから出た動物の死体やふん尿などのごみ、建設関係から出た廃材などのごみ、卸売業や小売業、飲食店や宿泊施設などから出た食品ごみ、製造業などから出た金属くず、燃えがらなど、産業廃棄物が不法に捨てられているという苦情がよせられました。

苦情の内容は、不法投棄された廃棄物だけではありません。近くに高層ビルやマンションが建ったことで日光が確保できなくなる日照不足、風圧が強くなったり、風が通りにくくなったりする通風妨害、ラジオやテレビの受信妨害など、さまざまです。どれも家が密集していることから起こる都市型の公害です。

また、車の空ぶかしの音や排出ガス、ペットの鳴き声、雑草を放置したことによる蚊やハエの大量発生、飲食店からただようにおいなど、わたしたちの周りには生活型の公害があふれています。気づかないうちに、他人に不快な思いをさせていることがあるかもしれません。ふだんから注意することでへらせるものもあるはずです。

第1章 新しい公害・環境問題の登場

典型7公害に特定されていない公害例 ―目立つ都市・生活型公害―

公害の種類		
典型7公害以外	典型7公害として特定されていないものをいう。	
	廃棄物投棄	投棄（空き地への放置などの不法投棄をふくむ）された廃棄物を主な発生原因とするもののうち、典型7公害のいずれにも特定されないもの。 ※投棄された廃棄物にともない水質汚濁などの典型7公害が発生した（またはそのおそれがある）ものは除外する。
	その他	・高層ビル、マンションなどによる日影または日照不足。 ・高層建築物などによる風圧、遮へい物のための通風妨害。 ・建築物の壁面からの反射や光、深夜の照明。 ・ラジオ、テレビなどの受信妨害、違法電波。 ・トラックなどで運搬する土砂の道路上への散乱。 ・たい積した土砂や残土の近隣地や道路への流出。 ・農畜産業、野鳥などによる広範囲におよぶ動物のふん・尿。 ・たい肥や、雑草が生いしげることによる、蚊、ハエ、毛虫などの害虫の大量発生や、アリ、ゴキブリ、ヤスデなどのいわゆる不快な昆虫の大量発生。 ・雑草の繁茂による火災発生の危険性。 ・犬や猫の轢死体など、動物の死がいの放置。ただし、犬や猫などの死がいを飼育者が故意に空き地などへ放置した場合は、廃棄物投棄（一般廃棄物）として取りあつかう。 ・汚水の流出、洗車場の汚水散布、雑草などの花粉の浮遊、雑草などによる交通視野妨害など、典型7公害や廃棄物投棄のいずれにも該当しないもの。 ※その他の内容にともなって悪臭などの典型7公害が発生した（またはそのおそれがある）ものは除外する。 **調査の対象としないもの** ・車両の搬出入、路上駐車、放置自転車に関するもの。 ・飼い犬、野良犬、猫のふん・尿に関するもの。 ・犬の放し飼いや野良犬、ヘビなどの動物によるかみ傷またはその危険性に関するもの。

出典／総務省 公害等調整委員会の「令和4年度公害苦情調査結果報告書」をもとに作成。

交通公害

自動車交通公害

交通公害は、さまざまな交通機関の発展にともなって発生してきました。自動車などが走行するときに出る排出ガスや、騒音・振動などの道路交通公害、航空機の騒音問題、新幹線鉄道の騒音・振動問題、船舶からの排出ガスの問題などがあります。

交通公害のうち、わたしたちの身近で広く発生しているものは自動車交通公害です。特に交通量が多い幹線道路の周辺や、人口の多い住宅が密集した都市部などでは、深刻な問題になっています。

自動車騒音については、公害対策基本法にもとづいて、左下の表のような「騒音に係る環境基準」が設けられています。環境基準とは、人々の健康の保護と生活環境の保全のために、維持されることが望ましい基準として定められた目標です。また、「騒音規制法」でも、自動車1台1台に対し、時間帯や走行状態に合わせた騒音（加速走行騒音、※近接排気騒音など）の大きさの許容限度（大きさの範囲）が設定されています。特に大型車などの加速走行騒音に対しては規制の強化が図られてきました。

自動車騒音の規制（許容限度）

騒音規制法にもとづいて、自動車騒音の大きさの許容限度は、環境大臣が定めています。対象となる指定地域は、都道府県知事や市長などが指定しています。

自動車騒音の行政措置（要請限度）

指定地域内の自動車騒音が、環境省令で定められた限度を超えていて、道路の周辺の生活環境が大きくそこなわれると認められる場合、市町村長は都道府県公安委員会に対して、騒音の改善を要請できます。都道府県公安委員会は、「道路交通法」の規定による交通規制を行うなどの対応をします。必要があれば、要請限度を超えていないときでも、市町村長は道路管理者などに対して、騒音を小さくするように意見をいうことができます。

都道府県公安委員会が行う交通規制には、信号機や道路標識などに関する改定や管理、交通整理、歩行者や車両などの通行の禁止、道路における交通の規制などがあります。

騒音の環境基準

地域の種類	時間区分		該当する地域
	昼間dB	夜間dB	
AA	50以下	40以下	特に静穏を要する地域
A	55以下	45以下	もっぱら住居用に使用される地域
2車線以上の車線がある道路に面する地域	60以下	55以下	
幹線交通をになう道路に近接する空間	70以下	65以下	
B	55以下	45以下	主として住居用に使用される地域
2車線以上の車線がある道路に面する地域	65以下	60以下	
幹線交通をになう道路に近接する空間	70以下	65以下	
C	60以下	50以下	かなりの数の住居とあわせて、商業・工業用に使用される地域
車線がある道路に面する地域	65以下	60以下	
幹線交通をになう道路に近接する空間	70以下	65以下	

「昼間」は午前6時から午後10時までとし、「夜間」は午後10時から翌日の午前6時までの間としている。
「ＡＡ」は療養施設、社会福祉施設などが集合して設置され、特に静けさを必要とする地域。「Ａ」はもっぱら住居用に使用される地域。「Ｂ」は主として住居用に使用される地域。「Ｃ」は、相当数の住居とあわせて、商業、工業用に使用される地域とする。
出典／環境省の「騒音に係る環境基準について」をもとに作成。

※近接排気騒音：車両を停止させ、ある条件でエンジンを回転させた際に出るマフラーの音。

第1章 新しい公害・環境問題の登場

高速道路に設置された防音対策用遮音壁
遮音壁は、自動車や鉄道などによる騒音の発生源から周辺の環境を守り、騒音をへらす目的で設けられる壁。道路には、自動車の騒音を低減する効果のある高機能舗装を採用している。写真は、伊勢湾岸自動車道の遮音壁。

騒音・振動と排出ガスによる大気汚染

　高度経済成長とともに自動車が広く利用されるようになると、交通量が急速に増加して、さまざまな問題を引き起こしました。特に道路の周辺では、騒音・振動、排出ガスによる公害が深刻になり、現在においても問題となっています。大都市や、交通渋滞のひどい地域では、人々の健康にも悪影響が出ています。

　自動車の排出ガスとして出される窒素酸化物や粒子状物質などは、大気汚染の大きな原因になっている物質です。「大気汚染防止法」により、自動車1台ごとの排出ガス量の許容限度が定められたことで、自動車1台あたりが排出するガスの量はへってきています。しかし、自動車の交通量が増加しているため、結果として大気中の窒素酸化物や粒子状物質などの濃度は年々濃くなっていました。大気汚染防止法にもとづき、大気汚染の状況を監視する自動車排出ガス測定局が、都道府県知事などによって各地の道路周辺に設置されています。自動車排出ガス測定局では、自動車排出ガスにふくまれる二酸化硫黄、二酸化窒素、光化学オキシダント、一酸化炭素、浮遊粒子状物質、非メタン炭化水素などについて継続して測定を行い、大気の状況を確認しています。また、窒素酸化物や粒子状物質などを多く排出するディーゼル車の規制を進めるなどの取り組みも行っています。

　自動車の排出ガスの規制が進むとともに、大気汚染物質の排出や騒音が少ない、環境にやさしい低公害車の開発・普及も進められてきました。近年、ハイブリッド自動車や電気自動車、天然ガス自動車・燃料電池自動車などの低公害車の保有台数は増加してきていて、人々の環境問題への関心も高まっているといえます。

　また、自動車の騒音や振動の原因が道路の構造にある場合は、道路を整備して改善に努めています。交通渋滞など、交通量の増加が原因の場合は、交通規制を行うなどの対策を取ります。これまで人が居住していなかった道路沿いの土地で住宅地の開発が行われる場合、新たな交通騒音問題が生じることが心配されるため、環境省では「交通騒音問題の未然防止のための沿道・沿線対策に関するガイドライン」を策定し、問題の未然の防止にも努めています。

新幹線鉄道騒音

　1964（昭和39）年、東京から新大阪まで、全長552.6kmを結ぶ東海道新幹線が開業しました。第二次世界大戦の後、日本の復興が進む中で、国鉄（現在のJR）東海道本線の輸送力の増強策として計画されました。

　ところが、時速200kmを超える高速で走る新幹線は、騒音や振動が激しく、沿線地域では「新幹線による公害」として問題になりはじめました。そこで、新幹線の速度を保ちながら、騒音や振動を軽減するための研究が重ねられます。結果として、低騒音車両への改善や防音壁の設置・かさ上げ、住宅の防音・防振工事への助成といった対策が取られるようになりました。

　現在、新幹線は国内に10の路線があります。各路線でレールを重量化したり、長いレールを採用したり、線路の下にバラストマットをしいたり、線路の傷の保守作業を行ったりするなど、騒音や振動を軽減するためにさまざまな対策を行っています。しかし、現在でも沿線に住む人の中には、日々の騒音や振動になやんでいる人もいます。

新幹線鉄道騒音の環境基準

地域の類型	基準値
Ⅰ	70dB以下
Ⅱ	75dB以下

（注）Ⅰは、主として住居用に使用される地域。Ⅱは、商工業用に使用される地域など、Ⅰ以外の地域であって、通常の生活を保つ必要がある地域。　出典／環境省の「新幹線鉄道騒音に係る環境基準について」をもとに作成。

新幹線による騒音の環境基準

　新幹線による騒音・振動問題に対応するため、1975（昭和50）年に環境省から「新幹線鉄道騒音に係る環境基準」が告示されました。地域を2種類に分け、騒音の大きさの許容限度が定められています。住居用の地域では70dB以下、商工業用の地域で、通常の生活を守る必要がある地域では、75dB以下を基準にしています。この目標の早期達成に向けて、1976（昭和51）年に「新幹線鉄道騒音対策要綱」が閣議で決まりました。

地域の類型の決まり方

　環境基準について、具体的にどの地域をどの環境基準の種類にあてはめるかは、都道府県知事が指定しています。

名古屋新幹線公害訴訟
名古屋市熱田区の交差点をまたぐ鉄橋（無道床橋梁）。列車が通過するたびに騒音は100※ホンを超え、19mはなれたタバコ店前の公衆電話が通話不能の状態になった。1971年1月29日。愛知県名古屋市熱田区六番町交差点

写真提供／毎日新聞

※ホン：騒音レベルの単位。人が聞くことのできる最大音は130ホンとされる。1997年以降は、国際単位のdBが使用されている。

航空機騒音

航空機騒音防止法の制定

航空機の輸送の需要が増大し、航空機の大型化が進みました。大きな音を出す大型の航空機がひんぱんに離着陸をくり返す飛行場周辺では、航空機の発着によって起きる騒音公害が大きな社会問題になっていきました。

航空機による騒音公害を解決していくために、1967（昭和42）年には「公共用飛行場周辺における航空機騒音による障害の防止等に関する法律（航空機騒音防止法）」が、1974（昭和49）年には「防衛施設周辺の生活環境の整備等に関する法律」が制定されました。

その後、1993（平成5）年に施行された「環境基本法」では、人の健康や生活環境を守り、生活する上で望ましい基準（環境基準）について定めています。この基準は、航空機騒音にも適用されています。

現在、航空機騒音の対策として、航空機自体の騒音を軽減する取り組みが行われ、最新の航空機は低騒音化が進んでいます。また、騒音を軽減する離陸方法や着陸方法などが採用されています。

滑走路の場所の移転も騒音対策のひとつです。東京都の羽田空港では、滑走路を住宅地からはなれた沖合に移転して、沿岸地域の騒音の軽減を図っています。

航空機騒音の環境基準

航空機騒音の基準値は、主として住居用に使用される地域では57dB以下、それ以外の地域で通常の生活を保つ必要がある地域では62dB以下が望ましいとしています。この地域の類型は、都道府県知事や市長などが指定することになっています。

航空機騒音の環境基準

地域の類型	基準値
Ⅰ	57dB以下
Ⅱ	62dB以下

（注）Ⅰは、主として住居用に使用される地域。Ⅱは、Ⅰ以外の地域であって、通常の生活を保つ必要がある地域。それぞれの基準値は、夕方と夜間でより厳しくなる。
出典／環境省の「航空機騒音に係る環境基準について」をもとに作成。

沖縄県の米軍普天間飛行場の騒音問題
小学校に隣接する、アメリカ合衆国の海兵隊の軍用飛行場「米軍普天間飛行場」に着陸しようとする米軍機。沖縄県宜野湾市立普天間第二小学校から撮影された写真。大治朋子撮影 2012年3月2日　　写真提供／毎日新聞

第1章　新しい公害・環境問題の登場

近隣騒音・日照不足・光害

身の回りの騒音

公害等調整委員会の調べによると、2022（令和4）年度の典型7公害の公害苦情受付件数5万723件のうち、騒音に関する苦情が最も多く、1万9,391件でした。これは全体の38.2％をしめています。原因別に見ると、工事・建設作業が7,402件で38.2％をしめていて、飲食店営業やカラオケ、家庭生活（機器・ペット・その他）を発生源とする近隣（生活）騒音の合計が3,520件で、18.2％です。近隣騒音は、重大な健康被害が少ないことや、近隣への気がねから、表面化していない事例もあると推測されます。

騒音の発生原因と苦情受付件数

騒音の発生原因	件数
工事・建設作業	7,402
産業用機械作動	3,137
焼却（施設）	9
産業排水	2
流出・漏洩	30
近隣生活騒音 飲食店営業	1,109
近隣生活騒音 カラオケ	941
近隣生活騒音 家庭生活（機器）	530
近隣生活騒音 家庭生活（ペット）	228
近隣生活騒音 家庭生活（その他）	712
移動発生源（自動車運行）	577
移動発生源（鉄道運行）	79
移動発生源（航空機運航）	420
投棄された廃棄物	15
焼却（野焼き）	8
自然系	43
その他	3,357
不明	792
合計	19,391

出典／総務省 公害等調整委員会の「令和4年度公害苦情調査結果概要」をもとに作成。

生活から出る騒音に対する苦情は、人口の多い都市部に住む人からのうったえが多く、特に商業地域、住居・商業混合地域での比率が高くなっています。騒音の発生源は多様化していて、電気機器や楽器、自動車のアイドリング・空ぶかしの音、広告宣伝車のスピーカー音、ペットの鳴き声、人の話し声などとさまざまです。近隣騒音をめぐるトラブルの原因には、地域のコミュニティ意識や思いやりが足りないことも関係していると考えられ、地域での人間関係づくりや、ルールづくりが求められています。

音の出ない低周波音による騒音

近年苦情が増えているのが、低周波音による騒音です。低周波音とは、工場の機械や空調の室外機、風車などから発生する特に低い音のことで、日本では周波数が約100Hz以下の音をいいます。20Hz以下になると、人間の耳ではほとんど聞こえなくなります。低周波音の苦情には、窓や戸などがガタガタする、置き物が動くなどの「物的苦情」と、眠れない、イライラする、頭痛がする、不快感や圧迫感を感じるなどの「心理的・生理的苦情」があります。

低周波音を発生させる風車。山形県酒田市宮海海岸の風力発電機。

日照不足と日影規制

日照権

　日照権は住宅などの建物の日当たりを確保する権利です。となりに建つ建物によって日当たりが悪くなったときなどに日照権の問題が発生します。日当たりが悪いと、住民の健康に悪影響が出たり、照明や暖房などの光熱費が増えたり、洗濯物がかわきにくくなったりします。

日影規制

　近隣の住民の日照を確保するため、建築基準法に定められている規制です。隣接する建物の敷地が日影になる時間が、一定の時間以上にならないように、規制対象区域の建物の高さなどが制限されます。規制の対象区域は、地方公共団体の条例によって決められます。1年の中で一番日照時間が短い冬至の日の午前8時～午後4時を基準にして、建物によってできる影の大きさと影がかかる時間を測定して、規制の基準を設定しています。

光害の原因

　光害とは、主に屋外で、照明が適切でないことによって生じる公害のことです。景観や周辺環境への配慮がされない照明によって、さまざまな影響が出ます。光害は、照明器具から出る光が目的外の範囲にもれていたり、周辺の環境に合わない明るさや色であったり、不必要な時間までついていたりすることで起こります。代表的な光害による影響は以下のとおりです。

▶エネルギー資源の浪費
▶近隣の居住者への影響
▶交通（交通機関・歩行者など）への影響
▶野生生物への影響
▶植物への影響

市街地の過密地帯に建つ高層住宅の公団。東京都江東区の大島4丁目団地。1974年9月30日撮影。　写真提供／朝日新聞

　明るすぎる照明は、エネルギーのむだ使いになります。近隣の住宅などに不必要な照明がさしこむことで、住民のプライバシーがおびやかされたり、睡眠が妨害されたりすることもあります。照明がまぶしすぎると周囲が見えにくくなり、交通のさまたげになって危険です。また、光に引きよせられる生き物や、光を嫌う生き物に影響をあたえることもあります。街路樹や植物などにも影響をあたえます。夜空の明るさが増せば、星が見えにくく感じることもあります。このように、光害は広い範囲にわたって影響をおよぼします。

夜の秋葉原電気街（東京都千代田区外神田）。

第1章　新しい公害・環境問題の登場

一般廃棄物と産業廃棄物

廃棄物とは

「廃棄物」は、不要になって捨てられるもののことです。1970（昭和45）年に定められた「廃棄物の処理及び清掃に関する法律（廃棄物処理法）」によれば、廃棄物は、「ごみ、粗大ごみ、燃え殻、汚泥、ふん尿、廃油、廃酸、廃アルカリ、動物の死体その他の汚物又は不要物であって、固形状又は液状のもの（放射性物質及びこれによって汚染された物を除く。）」と記されています。

廃棄物は、大きく「一般廃棄物」と「産業廃棄物」の2つに区分され、一般廃棄物は、ごみとし尿に分けられます。ごみは家庭から出る可燃ごみや不燃ごみなどの一般ごみのほか、飲食店などから出る事業系のごみのうち、産業廃棄物にあたらないものもふくまれます。一般廃棄物の中でも、爆発性、毒性、感染性があるもの、人の健康や生活環境に被害をあたえるおそれのあるものは、特別管理一般廃棄物として、特別な基準で取りあつかわなければなりません。産業廃棄物には、事業活動で生じた廃棄物のうち、燃えがら、汚泥、廃油など、20種類が定められています。また、産業廃棄物でも一般廃棄物と同じように、特別な管理を必要とするものを特別管理産業廃棄物と定めています。

ごみは人口が集中する都市の共通問題

社会が大量生産・大量消費の経済構造になり、人口が集中する都市部のごみは急速に増えました。特にプラスチック製品が大量につくられ、生活を便利にしてくれるかわりにごみを増やしてしまいます。プラスチックは、埋め立てても腐敗せず、土にかえりません。焼却するときには高熱を発するので、焼却炉をいためます。ばいじん（すすなど）や、酸性ガスを排出するものもあり、大気汚染の原因にもなっています。

※1 特別管理一般廃棄物：一般廃棄物のうち、爆発性、毒性、感染性があり、人の健康または生活環境に被害を生じるおそれがあるもの。

※2 事業活動にともなって生じた廃棄物のうち、法令で定められた20種類：「燃え殻」「汚泥」「廃油」「廃酸」「廃アルカリ」「廃プラスチック類」「紙くず」「木くず」「繊維くず」「動植物性残さ」「動物系固形不要物」「ゴムくず」「金属くず」「ガラスくず、コンクリートくず及び陶磁器くず」「鉱さい」「がれき類」「動物のふん尿」「動物の死体」「ばいじん」に加えて、「上記の産業廃棄物を処分するために処理したもので、これらに当てはまらないもの」。

※3 特別管理産業廃棄物：産業廃棄物のうち、爆発性、毒性、感染性があり、人の健康または生活環境に被害を生じるおそれがあるもの。

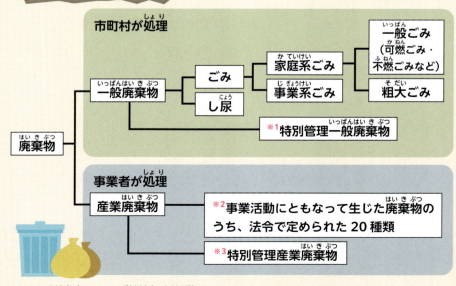

廃棄物の区分

出典／環境省「令和5年版環境・循環型社会・生物多様性白書」をもとに作成。

廃棄物処理法での責任分担

廃棄物処理法では、国が廃棄物の減量や処理に関する基本方針を示し、都道府県が廃棄物処理計画を策定することが定められています。そして、産業廃棄物については、排出事業者が責任をもって処理を行うことが規定されています。

一般廃棄物の処理については、それぞれの市区町村が処理計画を作成したうえで、廃棄物を収集し、処理を行っています。しかし、近年では、処理がむずかしいテレビ、冷蔵庫、エアコンなどの家電や、ピアノ、自動車などの「処理困難物」も増えています。

廃棄物の排出量

下のグラフ「廃棄物総排出量の推移」でもわかるように、1950年代半ばから始まる高度経済成長期から続いて、1991年で終了する※バブル期までは、一般廃棄物と産業廃棄物の排出量が年々増加していました。

ところが、2000（平成12）年以降になると、循環型社会への考え方が少しずつ浸透するようになります。循環型社会とは、限りのある資源を効率的に、持続できる形で循環させながら利用していく社会のことです。

たとえば、使い終えたら「ごみ」として捨てていた製品などを、捨てずに再利用したり、再生したりすることで、資源の使いすぎをなくして、ごみをへらし、環境への負荷が少ない社会をめざします。

その成果によって、一般廃棄物については、紙類や容器包装のプラスチック類、びん・缶・ペットボトルなどの分別回収やリサイクルが進み、排出量が減少しています。

※バブル期：1980年代半ばから1991年初頭の日本で、不動産や株式の価格がふくれ上がって好景気にわいた時期。実際の経済力以上に資産価格が上がり、その後、急激にしぼんだことをバブル（あわ）にたとえた。

第1章 新しい公害・環境問題の登場

廃棄物総排出量の推移

出典／環境省の「日本の廃棄物処理の歴史と現状」、「産業廃棄物の排出及び処理状況等（平成27年度実績）について」、「一般廃棄物の排出及び処理状況等（平成27年度）について」をもとに作成。

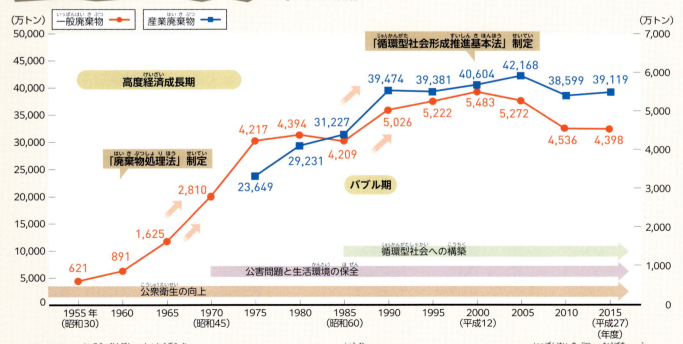

1950年代半ば以降、人々の所得増加にともなって、大量生産・大量消費の社会になった結果、都市部では一般廃棄物が急激に増えた。1970年代以降、一般廃棄物と産業廃棄物はともに年々増加していくが、循環型社会の形成を進めるための法律「循環型社会形成推進基本法」が制定された2000年（平成12）年をさかいに、一般廃棄物は徐々にへっていった。

いろいろな有害物質

わたしたちの身の回りには、さまざまな有害物質が存在していて、人々の健康や地球環境に悪影響をおよぼすことがあります。毒性が強く、土壌や水を汚染するダイオキシン類や、繊維が細かくて肺の病気を引き起こすアスベスト（石綿）、工場や自動車から排出され、酸性雨の原因にもなる硫黄酸化物など、さまざまな有害物質があります。このような有害物質の問題は、今や全世界で取り組まなければいけない大きな課題になっています。

ダイオキシン類

ダイオキシン類は、無色無臭の固体で、水にとけにくく、脂肪などにはとけやすい性質を持っています。主に物を燃やすことで発生します。ごみの焼却や、自動車の排出ガスやたばこの煙など、さまざまな発生源があります。

ダイオキシン類は、土壌や水を汚染し、食物連鎖を通してプランクトンや魚介類に蓄積されます。それらを食べる人の体にダイオキシン類が取りこまれる危険性があります。毒性の強い物質のため、「ダイオキシン類対策特別措置法」

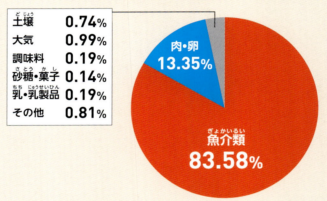

日本におけるダイオキシン類の一人一日摂取量（2022年度）摂取源別割合
資料／「令和6年版環境・循環型社会・生物多様性白書」

により1日に摂取してもよい量の上限や環境基準が決められています。

アスベスト（石綿）

アスベストは、天然の繊維状の鉱物で、石綿とも呼ばれています。熱に強く、じょうぶで切れにくい特徴があり、以前は、保温や断熱、防音などの目的で建物の壁に吹きつけられていました。しかし、繊維が細かく、人が吸いこむと肺の病気を引き起こす危険性があることがわかり、1975（昭和50）年から段階的に使用が禁止され、2012（平成24）年には全面禁止になりました。労働安全衛生法や大気汚染防止法、廃棄物処理法などで、アスベスト飛散防止のための安全対策が図られています。

アスベスト

建物の解体や改修をするときは建築業者などが調査を行い、アスベストが使用されている場合は、都道府県知事などへの届け出が必要になります。

光化学オキシダント

工場や自動車から排出される窒素酸化物（NOx）などが、紫外線を受けて化学反応を起こして発生する酸化性物質の総称です。そのほとんどがオゾンと呼ばれる物質です。光化学オキシダントは、上空にもやがかかった光化学スモッグを発生させます。大気中の光化学オキシダントの濃度が高くなると、目の痛みやはき気、頭痛などを引き起こします。

光化学オキシダントの環境基準は、1時間値が0.06※ppm以下です。0.12ppm以上の状態が継続すると認められる場合には注意報が発令されます。そして、0.24ppm以上で警報が発令され、0.40ppm以上で重大警報が発令されます。

※ ppm：容量比や重量比を表す単位で、100万分の1のこと。1m³の空気の中に1cm³ふくまれていることを1ppmという。

光化学オキシダントによって引き起こされた東京都での光化学スモッグ。2019年3月27日観測。

PM2.5（微小粒子状物質）

PM2.5は、大気中に浮遊する小さな粒子のうち、大きさが2.5μm以下の粒子のことで、「微小粒子状物質」とも呼ばれます。1μmは、1mmの1000分の1の長さです。

PM2.5は、ボイラーや焼却炉といった、ばい煙を発生する施設や、コークス炉など、粉じんを発生する施設などから大気中に粒子として排出されます。そのほか、火力発電所や工場、自動車などから排出される硫黄酸化物（SOx）や窒素酸化物（NOx）、塗料などから発生する揮発性有機化合物（VOC）が大気中で光やオゾンと反応して生成されることもあります。

大気中のPM2.5の濃度は、地域によって差があります。季節による変動もあり、毎年、冬から春にかけて高くなる傾向があります。

PM2.5を吸いこんでしまうと、粒子が気管支や肺のおくまで入りこむおそれがあり、ぜんそ

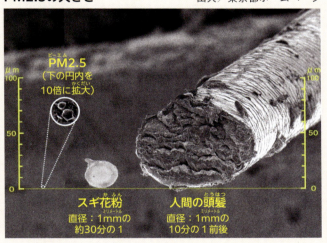

PM2.5の大きさ　　出典／東京都ホームページ

くや気管支炎など、呼吸器系の病気のリスクを高めるといわれています。

PM2.5の環境基準は、「1年の平均値が15μg/m³以下で、かつ、1日の平均値が35μg/m³以下であること」と定められています。1μgは、1gの100万分の1の重さです。PM2.5の1日の平均値が70μg/m³以上になると、自治体から外出を避けるようにと注意喚起が行われることがあります。

第1章　新しい公害・環境問題の登場

酸性雨

　酸性雨は、酸性が強い雨のことをいいます。工場や自動車などから排出される硫黄酸化物（SOx）や窒素酸化物（NOx）が大気中で変化を起こし、雨にとけこむことで酸性雨が発生します。酸性が強い霧や雪などもあわせて、酸性雨と呼んでいます。

　酸性を表す単位には、pHを使います。pH7が中性で、それより数値が小さくなるほど酸性が強くなり、数値が大きくなるほどアルカリ性が強くなります。

　酸性雨が長い間ふり続けると、川が酸性化し、川の水が流れこむ湖や池も酸性化します。そして、水中にすむ生き物の生態に影響をあたえてしまいます。地表の土の性質が変化して、木が育ちにくくなり、森全体が枯れてしまうこともあります。また、酸性雨はコンクリートをとかしたり、金属にさびを発生させたりして、建物に被害をあたえます。

　酸性雨を発生させる物質が、東アジアから偏西風に乗って、遠くはなれた日本まで運ばれてくることもあります。

PFAS

　PFASとは、有機フッ素化合物の総称で、PFOS、PFOA、PFHxSなど、1万種類以上あります。水をはじき、熱や薬品に強いなどの性質をもつものがあり、2000年代初めごろまで、工業の分野で利用されました。こげつきにくいフライパンや防水衣類、泡消火薬剤など、身の回りの生活用品にも使われてきました。

　PFASは自然界では分解されず、環境に残留するので、人の体に取りこまれ、蓄積された場合の健康被害が心配されています。国際的に規制が進むと、多くの国で製造・輸入などが中止され、日本でも2024（令和6）年までにPFOS、PFOA、PFHxSの製造・輸入が禁止されました。

　環境省では、2020（令和2）年に水道水や環境中の地下水などの目標値を定めて、飲み水から人体にPFASが取りこまれることをふせぐための取り組みを進めています。また、環境省や自治体が日本各地の水道水や地下水、河川などのPFASの濃度を測定して公表しています。水道水からPFASが高濃度で検出された地域もあり、社会問題になっています。

群馬県日光白根山頂上付近
白骨化したように枯れているダケカンバの木々。日光白根山でのこの白骨化現象について、大気汚染物質による「酸性霧が原因」と指摘されている。日光白根山南東斜面、頂上付近で。左奥は五色沼。1992年10月撮影

写真提供／毎日新聞

マイクロプラスチック

マイクロプラスチックは、5mm以下の小さなプラスチックのことをいいます。発生源のちがいによって、一次的マイクロプラスチックと二次的マイクロプラスチックの2種類に分類されます。

一次的マイクロプラスチックは、製品や製品の原料として使うために、もともと小さなサイズで生産されているものをいいます。二次的マイクロプラスチックは、自然環境の中で劣化して、直径5mm以下の小片になったプラスチックをいいます。

一次的マイクロプラスチック

練り歯みがきや洗顔料、化粧品などに、よごれをこすり取るための研磨剤として入っている小さなビーズ状のプラスチックなどがあります。粒がとても小さく、下水処理場のろ過装置をすりぬけ、ろ過された下水とともに流出することがあるため、回収が困難です。

二次的マイクロプラスチック

ポイ捨てされたり、ごみの集積所から風で飛ばされたりしたペットボトルやレジ袋などのプ

浜辺で採取したマイクロプラスチック

ラスチックごみは、雨や風によって流され、川から海へと運ばれます。プラスチックは、自然に分解されることはなく、長時間海に浮かんでいるうちにくだかれたり、太陽の紫外線によって分解されたりして細かくなっていきます。

マイクロプラスチックが漂流している間に有害な汚染物質を吸着し、海流にのって世界中の海へ流れることがあります。これを海洋動物があやまって食べることで汚染物質が海洋生態系へ取りこまれることにもなります。

毎年800万tのプラスチックごみが海に流出しているという試算もあり、世界的な問題になっています。日本でも、大量のマイクロプラスチックが漂着して対策に追われている海岸があります。

第1章 新しい公害・環境問題の登場

海岸に集まるごみの山
海岸の漂着物には数多くのプラスチックごみが見られる。撮影地は山形県庄内地方の海岸（日本海側）。

ハイテク汚染と地下水の汚染

有機塩素系溶剤による土壌汚染

　IC産業など、先端技術をあつかう産業によって引き起こされる環境汚染を「ハイテク汚染」と呼んでいます。IC（集積回路）は、「Integrated Circuit」の略です。

　ICチップは、シリコンなどの半導体材料からつくられた極めて小さな部品で、数mmから数cm角の小片の上に細かく配線がされています。小さなごみも付着しないようにするため、洗浄には、トリクロロエチレンやテトラクロロエチレンなどの塩素をふくんだ有機塩素系溶剤が使われていました。これは大半が人工的に合成されたもので、毒性が高く、一度自然の中に排出されると、分解されにくい性質があります。

　1980年ごろ、IC産業で有名なアメリカ西海岸のシリコンバレーで、大量の有機塩素系溶剤をふくむ廃液がもれ出して、土壌や下水を汚染していたことがわかり、社会問題になりました。

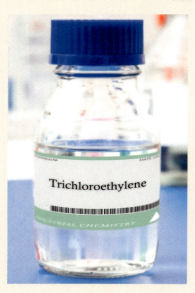

トリクロロエチレン
冷蔵庫やエアコンなどの機器に使用される化学薬品などの製造に使用される。無色で不燃性の液体。

トリクロロエチレンによる環境汚染

　トリクロロエチレンは無色透明の液体で、燃えない、常温で蒸発しやすい（揮発性）などの性質を持ち、薬品臭がします。塗料、接着剤、医薬、香料などの分野で広く用いられ、抽出剤、洗浄剤としての用途があります。1980年代までは、ドライクリーニングの洗浄液として大量に使われていましたが、毒性があることがわかり、1970年代以降、多くの国で食品や医薬品での使用が禁止されました。現在では、主に代替フロンガスの合成原料や、機械部品や電子部品の洗浄剤として使用されています。

　トリクロロエチレンは、地下水を汚染する物質としてもよく知られています。トリクロロエチレンがふくまれた工場排水によって土壌が汚染されると、地下水に浸透して、長期間にわたって汚染が続きます。

　人体がトリクロロエチレンにさらされると、目の痛みを感じたり、涙が出たりします。神経系統に影響を受け、頭痛やめまい、眠気、倦怠感、指のふるえ、認知能力や行動能力の低下など、さまざまな症状が出るとされています。高濃度のトリクロロエチレンにさらされていたことによる労働災害も報告されています。

　トリクロロエチレンは、1989（平成元）年に化学物質審査規制法で第二種特定化学物質に指定され、製造したり輸入したりするときは、事前に予定数量を経済産業省に届け出ることが必要になりました。また、取りあつかう際には国が示した環境保全の指針などを守ることが義務

地下水の水質汚濁にかかわる環境基準項目および基準値（令和4年度末時点）

資料／令和4年度地下水質測定結果（環境省）

項目	基準値
カドミウム	0.003mg/L以下
全シアン	検出されないこと
鉛	0.01mg/L以下
六価クロム	0.02mg/L以下
ヒ素	0.01mg/L以下
総水銀	0.0005mg/L以下
アルキル水銀	検出されないこと
ポリ塩化ビフェニル（PCB）	検出されないこと
ジクロロメタン	0.02mg/L以下
四塩化炭素	0.002mg/L以下
クロロエチレン（別名塩化ビニルまたは塩化ビニルモノマー）	0.002mg/L以下
1,2-ジクロロエタン	0.004mg/L以下
1,1-ジクロロエチレン	0.1mg/L以下
1,2-ジクロロエチレン	0.04mg/L以下
1,1,1-トリクロロエタン	1mg/L以下
1,1,2-トリクロロエタン	0.006mg/L以下

項目	基準値
トリクロロエチレン	0.01mg/L以下
テトラクロロエチレン	0.01mg/L以下
1,3-ジクロロプロペン	0.002mg/L以下
チウラム	0.006mg/L以下
シマジン	0.003mg/L以下
チオベンカルブ	0.02mg/L以下
ベンゼン	0.01mg/L以下
セレン	0.01mg/L以下
硝酸性窒素および亜硝酸性窒素	10mg/L以下
フッ素	0.8mg/L以下
ホウ素	1mg/L以下
1,4-ジオキサン	0.05mg/L以下

第1章

新しい公害・環境問題の登場

カドミウム、鉛などの重金属は、発ガン性の疑いや肝障害を引き起こすなどの毒性があるといわれる。
トリクロロエチレン、テトラクロロエチレンなどの揮発性有機化合物は、手足のしびれ、めまい、嘔吐、下痢を引き起こすなどの毒性があるといわれる。

づけられています。

　地下水の水質については、地方自治体などが水質汚濁防止法にもとづき、汚濁の状況をつねに監視し、毎年都道府県が測定結果を環境省に報告しています。

　地下水の水質汚濁における環境基準が定められているのは、トリクロロエチレン、テトラクロロエチレンといった揮発性有機化合物、カドミウム、鉛といった重金属などがあります（上の表参照）。

　トリクロロエチレンの場合、人が一生摂取し続けても健康への影響がないと考えられる1日の摂取量は、1Lあたり0.01mg以下と定められています。mgは、1,000分の1gのことです。このトリクロロエチレンは、大気汚染防止法でも規制の対象になっています。人の健康被害をふせぐために、排出や飛散を抑制しなければならない物質として、排出濃度の基準が定められています。

23

第2章 公害・環境問題への取り組み

国・自治体・企業の取り組み

今日のわたしたちは、地球温暖化による気候変動や生物多様性の危機、廃棄物の大量発生など、多くの公害・環境問題に直面しています。また、廃棄物処理施設の新規建設の困難化、不法投棄の増加など、早急に解決しなければいけない課題が山積みです。政府や自治体、企業、そしてわたしたちにできることは何か、さまざまな動きが始まっています。

環境省の取り組み

「環境省」は、1971（昭和46）年に国の行政機関として「環境庁」が設置されたことに始まります。公害問題や環境保全への対応の必要性が高まったことを受けて、創設されました。その後、地球温暖化やオゾン層破壊のような地球規模の環境問題や、大気汚染などの都市・生活型公害が深刻化します。2001（平成13）年、その解決に向けて、環境庁はさらに大きな組織の「環境省」になりました。現在、環境問題の専門組織として、環境政策・国際協力などに取り組んでいます。

大気情報を提供する「そらまめくん」

環境省は、「そらまめくん」というウェブサイトで、全国の大気汚染状況について、24時間、情報を提供しています。空気中の大気汚染物質を測定した結果（1時間値）と、発令された光化学オキシダント注意報・警報の情報について、最新1週間のデータを地図で見ることができます。

国立環境研究所「環境GIS」
GISを用いた情報提供

環境省が管轄する国立環境研究所では、環境に関するさまざまな調査を行っています。「環境GIS」は、日本国内における大気汚染や水質汚濁などの状況を、地理情報システム（GIS）を用いて地図上にわかりやすく示し、提供するシステムです。

速報値や分析結果の提供

リアルタイムに観測した速報値や、シミュレーションによる予測結果をホームページで提供しています。また、情報の統計を取ったり、分析結果から研究を進めたりしています。

環境省大気汚染物質広域監視システム そらまめくん

国立環境研究所 環境展望台 環境GIS

国土交通省・東京都の取り組み

騒音・振動対策の法律として、「騒音規制法」と「振動規制法」が設けられています。この2つの法律では、いちじるしい騒音や振動を発する建設作業を「特定建設作業」と定め、騒音・振動の規制基準を設けて、作業時間などを制限しています。

また、国土交通省では、建設工事における対策として、騒音・振動が基準値以下に低減された建設機械を「低騒音型・低振動型建設機械」として指定していて、指定を受けた機械の使用を推進しています。下の写真のクローラクレーンと油圧ショベルは、国土交通省指定の低騒音型建設機械です。東京都は、建設業者に低騒音型建設機械の導入を促進しているほか、市区町村の職員研修を充実させ、職員が苦情に対して適切な対応をとるための支援を行ったり、住民にていねいな情報提供をしたりするなどの取り組みを行っています。

事業者などの取り組み

現在、さまざまな産業において、地球温暖化対策が進められています。二酸化炭素などの温室効果ガスの排出量削減に向けて、多くの企業などが自主的な数値目標をかかげています。廃棄物対策などについても自主的な取り組みが行われていて、成果を上げています。

各事業者の環境保全に対する意識は少しずつ高まっています。環境にあたえる負荷をへらすために、環境マネジメントシステムに関する国際規格「ISO14001」の認証を取得して、社会的評価を得ている企業が年々増加しています。また、環境保全活動に関する費用と効果を数値化する「環境会計」や、環境保全への方針や取り組みについてまとめた「環境報告書」を公開する企業も増えています。

近年、CSR（企業の社会的責任）が重要視されていることもあり、企業の間では、環境への配慮に積極的に取り組む事業活動を展開していく動きが本格化しています。

第2章 公害・環境問題への取り組み

◀クローラクレーン。国土交通省から低騒音型建設機械に指定されている。
写真提供／加藤製作所

▶油圧ショベル。国土交通省から低騒音型建設機械に指定されている。
写真提供／加藤製作所

低騒音型建設機械のステッカー

超低騒音型建設機械のステッカー

国土交通省が指定する「低騒音型建設機械」と「超低騒音型建設機械」にはられるステッカー。超低騒音型建設機械は、低騒音型建設機械の中でも特に騒音レベルが低い機械が指定される。

25

公害をふせぐための技術

最新の技術による土壌洗浄

　重金属や油などで汚染された土壌を洗浄する、最新の技術が生まれています。清水建設株式会社の技術は、基準値の100倍程度の高濃度汚染土壌も処理できます。そして、汚染物質を除去した洗浄処理土は、汚染された土壌を採掘したあとに、埋めもどし用の土として再利用することができます。

　土壌洗浄の際に発生した汚染土は、外部に搬出して処分しなければいけません。清水建設は、汚染土を濃縮させて、10～30%の量にまでへらすことができます。また、オンサイト型土壌洗浄プラントを設置して、掘削、処理、埋めもどしの工程をすべて現地で行います。そうすることによって、場外への運搬車両の台数を大幅に削減でき、騒音や排出ガスなどの問題も改善され、経費も削減できます。汚染土壌における土質や、敷地などの条件によって、最適な土壌洗浄プラントをつくり、その場で効率的・効果的に土壌浄化を行います。安全、確実に、短い工期で費用を安くおさえて浄化することを目標としています。

オンサイト型土壌洗浄プラント第1号
中部地方に設置された清水建設のオンサイト型土壌洗浄プラント。清水建設は、この土壌洗浄の技術を使って、ベトナムの枯葉剤で汚染された大地の浄化にも取り組んでいる。

土壌洗浄プラント
清水建設の土壌洗浄のようす。汚染土壌を採掘し、最新技術によって汚染物質を分離させる。汚染物質が取りのぞかれた洗浄土は、埋めもどし用の土としてふたたび利用する。汚染土は濃縮して処分する。

画像・写真提供／清水建設

26

排ガス処理装置

有害ガスや悪臭ガスを処理するには、スクラバーという装置がよく使われます。スクラバーは、工場や汚水処理施設などから排出される有害ガスや悪臭ガスを洗浄し、安全な状態にします。大気汚染の防止や悪臭への対策などに広く用いられている装置です。

スクラバーは、水や薬液を使用する湿式と、吸着剤を使用する乾式の2つに分けられます。排ガスの種類によって、適した方式を選びます。それぞれの特徴やしくみについて紹介します。

湿式スクラバー

湿式スクラバーは、「物理吸収」と「化学吸収」の2種類の方法で洗浄します。物理吸収は、循環している水に排ガスをとかすことで、ガスや粉じんを取りのぞきます。主に水にとけるガスに効果を発揮します。

化学吸収では、酸性ガスにはアルカリ性、アルカリ性ガスには酸性の薬液を加えて中和させたり、分解したりして無害化させます。

乾式スクラバー

乾式スクラバーは、湿式スクラバーとはちがい、基本的に水にとけない臭気ガスに対して有効です。セラミックや活性炭といったフィルターに排ガスを通して、汚染物質を吸着させることで取りのぞきます。

工場の設備や臭気の種類によっては、スクラバー以外の脱臭装置を使用する場合があります。セラミックフィルターや消臭剤スプレーを利用した脱臭装置、蓄熱燃焼式脱臭装置、触媒燃焼式脱臭装置などもあります。

第2章 公害・環境問題への取り組み

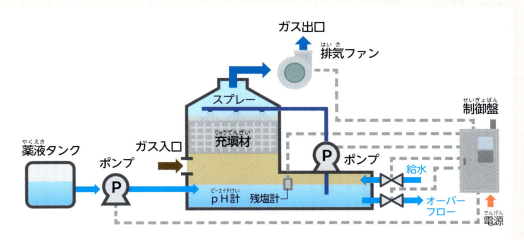

湿式スクラバーのしくみ
物理吸収の方法では、循環している水に排ガスを接触させて、ガスや粉じんを除去するしくみになっている。主に水にとけるガスに効果を発揮する。
化学吸収の方法では、酸性ガスにはアルカリ性の薬液、アルカリ性ガスには酸性の薬液を加える中和処理などを行う。

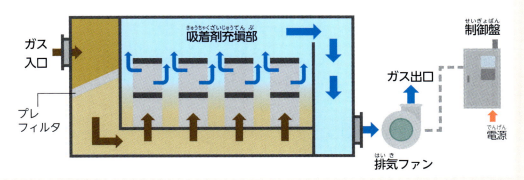

乾式スクラバーのしくみ
排ガスをセラミックや活性炭といった吸着剤のフィルターに通すことで、効率よく汚染物質をとらえる。乾式スクラバーは、基本的には水にとけない臭気ガスなどに対して有効。

資料提供／株式会社カルモア

ばいじん除去技術

　ばいじんとは、物を燃やしたときに発生する煙やすす、チリなどにふくまれる小さな粒子（微粒子）のことです。金属や、燃えずに残った不燃性の鉱物質（灰分）や炭素、有機物などによる粒子状の物質です。具体的には、石油や石炭を燃料とするボイラー、自動車や発電用のディーゼルエンジン、廃棄物焼却炉などから排出されます。

　ばいじんは、産業廃棄物に分類されていて、ごみとして捨てることはできません。人の体の中に入ると悪影響をおよぼす可能性があるため、集じん装置（ばいじん除去装置）によって除去します。

　集じん装置は、集じんの方法によって、重力式、慣性式、遠心式、洗浄式、ろ過式、電気式の6種類に分けられます。ガスの性質や、現場の状況に応じて、適切な集じん装置が選ばれ、使われています。

　下の図は、ごみ焼却施設などで使用されている、ろ過式集じん装置の略図です。この装置は、ろ布という布のフィルターでできた袋（バッグ）を使うので、「バグフィルター」とも呼ばれています。

　ばいじんをふくむガスが装置の入り口から入って、ろ布を通過するときに、粒子状の物質がろ布の表面に集められ、出口からきれいなガスになって出てきます。ろ布の表面に集められた粒子の層が厚くなると、逆側から圧縮した空気をふきこんで、粒子を払い落とすしくみになっています。

　多くのろ過式の集じん装置は、0.2μm程度の粒子までほぼ100%集めることができます。大気汚染防止法が求める排出基準を達成することができるため、近年では、大型のボイラーや廃棄物焼却炉における、最終的な集じん装置として広く採用されています。

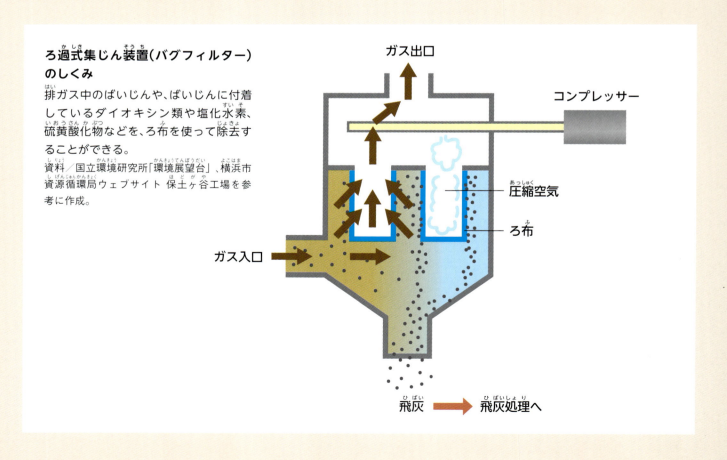

ろ過式集じん装置（バグフィルター）のしくみ
排ガス中のばいじんや、ばいじんに付着しているダイオキシン類や塩化水素、硫黄酸化物などを、ろ布を使って除去することができる。
資料／国立環境研究所「環境展望台」、横浜市資源循環局ウェブサイト 保土ヶ谷工場を参考に作成。

DPF（ディーゼル排気微粒子除去フィルター）の装着

固体または液体の粒のことを「粒子状物質（PM）」といいます。ばいじんや粉じんなども、その一種です。

軽油を燃料としたエンジンで動くディーゼル車から排出される粒子状物質を「ディーゼル排気微粒子（DEP）」といいます。ディーゼル排気微粒子は、発がん性がうたがわれているとともに、気管支ぜんそくやアレルギー疾患などの健康被害を引き起こす可能性も指摘されています。ディーゼル排気微粒子は、道路付近にたくさん浮遊しているといわれていて、その対策が急がれています。

DPFについて

ディーゼル車から排出される粒子状物質を集め、大気中に排出しないようにするために使われるのが、ディーゼル排気微粒子除去フィルター（DPF）です。セラミックなどでできた特殊なフィルターをディーゼル車の排気管につけ、粒子状物質を自動的に再燃焼させることで、きれいな空気にして排出します。DPFによって、ディーゼル排気微粒子による黒煙のほぼすべてを取りのぞくことができます。

DPFが日本に導入されたのは2003（平成15）年です。東京都など首都圏の一部の自治体で、ディーゼル車の排出ガスを規制する条例が制定されたことがきっかけでした。その後、国による自動車排出ガス規制が開始され、ディーゼル車へのDPFの装備が義務化されました。現在発売されているディーゼルエンジン搭載の乗用車には、ほぼすべてDPFが装備されています。DPFは、乗用車のほかに、トラクターなどの農業用機械や、首都圏を走行する鉄道のディーゼル機関車にも装備されています。

下の図では、株式会社クボタ製作の農業機械に搭載されているDPFのしくみを紹介しています。

第2章 公害・環境問題への取り組み

DPF（ディーゼル排気微粒子除去フィルター）のしくみ

出典：株式会社クボタ

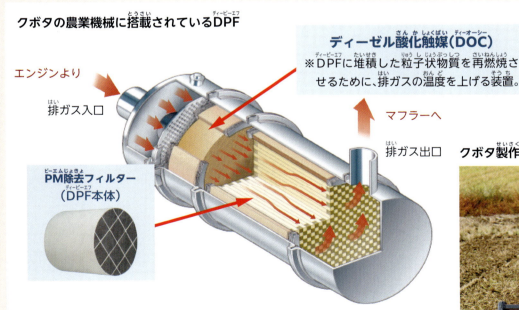

クボタの農業機械に搭載されているDPF

エンジンより　排ガス入口
PM除去フィルター（DPF本体）
ディーゼル酸化触媒（DOC）
※DPFに堆積した粒子状物質を再燃焼させるために、排ガスの温度を上げる装置。
マフラーへ　排ガス出口

クボタ製作のトラクターによる耕うん作業

動き出す国際社会との協力

地球環境問題

いま、地球的な規模でさまざまな環境問題が起きています。主なものとして、地球温暖化、オゾン層の破壊、熱帯林の減少、酸性雨、砂漠化、海洋汚染、生物多様性の減少などがあげられます。

地球環境問題は、地球上の広い範囲にわたる問題で、1つの国だけが取り組んでも解決しません。各国の利害が一致せず、かんたんに解決できることではありませんが、どの問題も人類が地球規模で取り組まなければならない重要な課題です。

主な地球環境問題

地球環境問題には、次のようなものがあります。

▶ 工業化、自動車の普及による、オゾン層の破壊、大気汚染、酸性雨、水質・土壌汚染
▶ 二酸化炭素（CO_2）などの温室効果ガスによる、地球温暖化、海面上昇、※永久凍土の融解
▶ 開発による生態系の破壊、生物多様性の減退
▶ 乱開発による砂漠化

成層圏（約10～50km上空）にあるオゾン層は、太陽の光にふくまれる有害な紫外線を吸収してくれます。オゾン層の破壊で紫外線量が多くなることは、人体の細胞を傷つけたり、動植物の成長をさまたげたりするなどの深刻な影響をもたらします。また、地球温暖化は、世界的な気候変動をうながします。海面を上昇させ、海抜の低い地域を水没させます。

地球環境問題への取り組み

オゾン層の破壊や地球温暖化を引き起こすフロンガスに対する国際的な取り組みに、1988年に発効した「オゾン層保護ウィーン条約〈オゾン層の保護のためのウィーン条約〉」と、その翌年に発効した「モントリオール議定書〈オ

東南アジアの各地で、先進国から持ちこまれるごみの問題が深刻だ。住民はブローカーからごみを買い取って分別し、リサイクル品の販売で利益を得ている。住宅の周りはプラスチックごみで埋めつくされ、ごみを燃やす煙にふくまれる有害物質で、健康被害が発生している。2019年6月16日、インドネシア・スメンコ
出典／朝日新聞

※永久凍土：凍結した状態が何年も持続した土壌や地盤のこと。

ゾン層を破壊する物質に関するモントリオール議定書〉」があります。これによって、先進国だけでなく開発途上国もふくめた規制が実施され、オゾンホールの拡大が見られなくなるなどの効果が出ました。

公害をなくすための主な国際条約

世界中で取り組む必要がある地球規模の環境問題に対して、国連や国際機関などでは、国際会議を開いたり条約をつくったりするなど、さまざまな取り組みが進められています。

バーゼル条約

1992年に発効した国際条約です。有害な廃棄物や廃プラスチックなどの国境を越える移動や処分について規制しています。この条約で、廃棄物の輸出には輸入国の書面による同意が必要になりました。

ロッテルダム条約（PIC条約）

先進国で使用禁止か制限されている有害な化学物質などが、開発途上国にむやみに輸出されることをふせぐために定められた条約です。2004年に発効され、輸出の際には事前の通報や輸入国の同意などが必要になりました。

ストックホルム条約（POPs条約）

ポリ塩化ビフェニル（PCB）やダイオキシン類など、毒性や残留性が高くて、人や生物の体内に蓄積しやすいうえ、長距離を移動して環境に悪影響をおよぼすおそれのある化学物質を「残留性有機汚染物質（POPs）」と呼びます。ストックホルム条約〈POPs条約〉は、これらの製造や使用の禁止、廃棄物の処理などについて定めた条約で、2004年に発効されました。

第2章 公害・環境問題への取り組み

地球環境問題に関する主要国際条約など

出典：外務省

条約名	採択日	発効日	我が国締結日	条約の概要
オゾン層保護ウィーン条約（オゾン層の保護のためのウィーン条約）	1985年3月22日	1988年9月22日	1988年9月30日（加入）	オゾン層保護のための国際的な協力をうたった枠組条約。
モントリオール議定書（オゾン層を破壊する物質に関するモントリオール議定書）	1987年9月16日	1989年1月1日	1988年9月30日（受諾）	オゾン層破壊物質を特定し、その物質の消費や生産などを規制する議定書。
バーゼル条約（有害廃棄物の国境を越える移動及びその処分の規制に関するバーゼル条約）	1989年3月22日	1992年5月5日	1993年9月17日（加入）	有害廃棄物の越境移動とその処分の規制について国際的な枠組を作ること、そして環境を保護することを目的とする条約。
ロッテルダム条約（国際貿易の対象となる特定の有害な化学物質及び駆除剤についての事前のかつ情報に基づく同意の手続に関するロッテルダム条約）	1998年9月10日	2004年2月24日	2004年6月15日（受諾）	有害化学物質などの国際取引において、相手国の輸入意思にしたがうとともに情報交換を行い、化学物質の適正な管理を促進することを目的とする条約。
ストックホルム条約（残留性有機汚染物質に関するストックホルム条約）	2001年5月22日	2004年5月17日	2002年8月30日（加入）	残留性有機汚染物質（PCB、DDT、ダイオキシン類等）の製造、使用および輸出入の原則禁止、意図的でない放出に対する放出源の特定、廃棄物の適正な管理などにおいて規定する条約。

世界規模で行う気候変動対策

京都議定書の約束

1997（平成9）年、京都府京都市で、国連気候変動枠組条約第3回締約国会議（COP3）が開かれました。その会議で採択された国際的な約束が「京都議定書」です。国連気候変動枠組条約は、地球温暖化防止のための国際的な枠組みを定めたもので、究極の目的として、温室効果ガスの大気中の濃度を生態系や人類に危険な悪影響をおよぼさない水準で安定化させることをかかげています。

京都議定書では、先進国に対し、二酸化炭素（CO_2）をはじめとする6種類の温室効果ガスの排出量をへらす目標値を定めています。第一約束期間（2008〜2012年）の5年間で、先進国全体の平均年間排出量を基準年（1990年）比で約5％削減するように、各国の数値目標が決められました。日本は6％、欧州連合（EU）は8％、カナダは6％、アメリカ（2001年脱退）は7％の削減を約束しました。温室効果ガスの削減目標が決められたのは世界で初めてで、国際社会が協力して温暖化に取り組む大きな出発点となりました。先進国全体の第一約束期間の削減目標については、削減が達成され、日本も削減目標を達成しました。

2012（平成24）年の国連気候変動枠組条約第18回締約国会議（COP18）および京都議定書第8回締約国会合（COP/MOP8）で、第二約束期間（2013〜2020年）の各国の削減目標が新たに定められました。しかし、当時最大級の温室効果ガス排出国だったアメリカが脱退し、中国やインドなど新興国の排出量が増加したこともあり、京都議定書締約国のうち、第一約束期間で排出削減義務を負った国の排出量は世界の4分の1しかありませんでした。日本は第二約束期間には参加せず、すべての主要排出国が参加する新たな枠組みづくりをめざして、国際交渉を進めることにしました。

世界のエネルギー起源CO_2の国別排出量（2021年）

エネルギー起源CO_2とは、発電などに利用するための、石油や石炭、天然ガスなどの化石燃料を燃焼する際に発生する二酸化炭素（CO_2）のこと。
出典／国際エネルギー機関（IEA）「Greenhouse Gas Emissions from Energy」2023年EDITIONをもとに環境省が作成した資料を掲載。

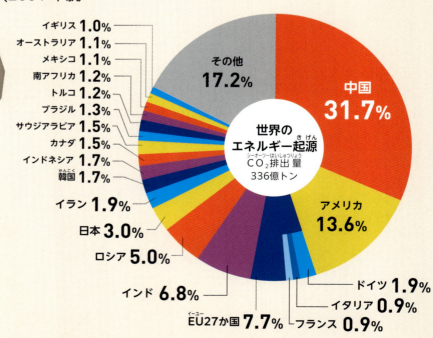

世界のエネルギー起源CO_2排出量 336億トン

- 中国 31.7%
- アメリカ 13.6%
- インド 6.8%
- EU27か国 7.7%
- ロシア 5.0%
- 日本 3.0%
- イラン 1.9%
- 韓国 1.7%
- インドネシア 1.7%
- カナダ 1.5%
- サウジアラビア 1.5%
- ブラジル 1.3%
- トルコ 1.2%
- 南アフリカ 1.2%
- メキシコ 1.1%
- オーストラリア 1.1%
- イギリス 1.0%
- ドイツ 1.9%
- イタリア 0.9%
- フランス 0.9%
- その他 17.2%

パリ協定で1.5℃の約束

2015（平成27）年にフランスのパリで開催された国連気候変動枠組条約第21回締約国会議（COP21）で採択された「パリ協定」は、京都議定書に代わって、2020年以降の温室効果ガス排出削減などを新しくかかげた国際的な枠組みです。

世界的な平均気温の上昇を産業革命前と比べて2℃未満に保つこと、1.5℃以内におさえる努力をすることを世界共通の目標として、気候変動枠組条約に加盟する196か国すべての国が削減目標を定めました。これによって、先進国だけではないほぼすべての国による温室効果ガスの削減に向けた取り組みが実現しました。

2016（平成28）年4月、パリ協定の署名式がアメリカのニューヨークの国連本部で行われ、175の国と地域が署名しました。パリ協定が発効されるためには、55か国以上が合意し、その排出量が世界全体の温室効果ガス排出量の55％に達するという条件を満たす必要がありましたが、その年の10月に条件が満たされ、11月に発効されました。

先進国には開発途上国への資金援助をすることが義務づけられました。各国の削減目標は5年ごとに提出・更新して、前進していることを示す必要があります。

長期目標の達成に向けて、2023年以降5年ごとに世界全体として実施状況を確認し、検討するしくみ（グローバル・ストックテイク）がつくられました。2023（令和5）年11月、アラブ首長国連邦のドバイで開催された国連気候変動枠組条約第28回締約国会議（COP28）で、グローバル・ストックテイクが初めて行われました。そこで、世界全体では、パリ協定の長期目標の達成に向けて順調ではないと評価され、目標達成のための緊急的な行動の重要性が再認識されました。

持続可能な社会をつくるためのSDGs

2015年9月、ニューヨーク国連本部で開催された「国連持続可能な開発サミット」において、「我々の世界を変革する 持続可能な開発のための2030アジェンダ」が採択され、2030年を達成期限とする「持続可能な開発目標(SDGs)」が定められました。

このアジェンダ（行動計画）は、人間と地球、そして繁栄のための行動計画で、SDGsは人権や経済、エネルギー、気候変動、生物多様性など、多くの環境関連の目標をふくむ17の目標と、169のターゲットで構成されています。毎年開催される「国連持続可能な開発に関するハイレベル政治フォーラム(HLPF)」において、SDGsの達成状況について確認や評価が行われます。

SDGsの具体的な目標には、①貧困をなくそう ②飢餓をゼロに ③すべての人に健康と福祉を ④質の高い教育をみんなに ⑤ジェンダー平等を実現しよう ⑥安全な水とトイレを世界中に ⑦エネルギーをみんなにそしてクリーンに ⑧働きがいも経済成長も ⑨産業と技術革新の基盤をつくろう ⑩人や国の不平等をなくそう ⑪住み続けられるまちづくりを ⑫つくる責任つかう責任 ⑬気候変動に具体的な対策を ⑭海の豊かさを守ろう ⑮陸の豊かさも守ろう ⑯平和と公正をすべての人に ⑰パートナーシップで目標を達成しよう、という17項目がかかげられています。

この目標は、地球上のほぼすべての国が採択した国際目標です。開発途上国・先進国などという国の状況を問わず、「誰一人取り残さない」ことを誓っています。

資料／国連広報センター

循環型社会を実現するために

循環基本法の制定

日本では、高度経済成長期（→8ページ）以降、廃棄物の急増や廃棄物最終処分場の不足などが問題となり、大量生産・大量消費・大量廃棄型の社会に代わる循環型社会への移行をめざすようになりました。循環型社会とは、限りある資源を大切に活用し、持続可能な形で循環させて利用していく社会のことをいいます。

2000（平成12）年には、3R［廃棄物等の発生抑制（Reduce）、再使用（Reuse）、再生利用（Recycle)］の実施と、廃棄物が適正に処分される循環型社会の形成を推進するため、「循環型社会形成推進基本法（循環基本法）」が制定されました。

循環基本法では、資源の消費を抑制する環境にやさしい循環型社会のすがたや、国や地方公共団体、事業者や国民の役割が明確化されました。また、資源の処理について、❶廃棄物等の発生抑制（リデュース）、❷再使用（リユース）、❸再生利用（※1マテリアルリサイクル）、❹熱回収（※2サーマルリサイクル）、❺適正処分の順に行うべきという優先順位が規定されました。

循環型社会のすがた

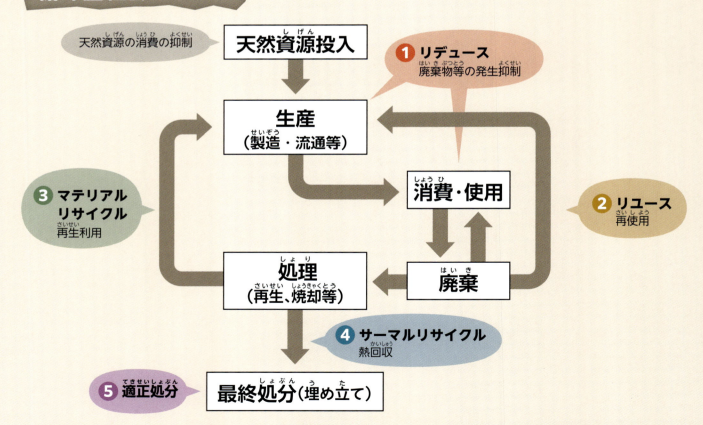

循環基本法では、廃棄物などの発生をへらし、排出された廃棄物などについてはできるだけ資源として再使用、再生利用し、どうしても利用できないものは適正に処分する、循環型社会の形成を推進している。　出典／環境省パンフレット「循環型社会への新たな挑戦」をもとに作成。

※1　マテリアルリサイクル：廃棄物を原料にして新たな製品を作り出し、再利用すること。　※2　サーマルリサイクル：廃棄物の焼却処理で発生する熱エネルギーを回収して、再利用すること。

また、グリーン購入法と以下の6つのリサイクル法も制定されています。

① 「容器包装リサイクル法」
② 「家電リサイクル法」
③ 「食品リサイクル法」
④ 「建設リサイクル法」
⑤ 「自動車リサイクル法」
⑥ 「小型家電リサイクル法」

容器包装（ガラスびん、ペットボトル、紙製容器包装、プラスチック製容器包装など）、家電（エアコン、冷蔵庫、テレビ、洗濯機など）、食品（食品製造過程で発生する食品の残り、小売店の売れ残り、外食店の食べ残しなど）、建設（木材、コンクリート、アスファルトなど）といった、それぞれの特性に応じた規制を個別に設けた法律によって、適正に循環型社会の形成が推進されることをめざしています。

その後、廃棄物処理法と資源有効利用促進法が改正されています。まだ使えるものを捨てることは、資源のむだ使いになるだけでなく、環境破壊にもつながります。わたしたち一人ひとりが、まず1つの製品を長く使ったり、修理やリユース品を利用したりしてから、廃棄物の分別回収に協力したりすることで、資源の有効活用と廃棄物の発生をおさえることに貢献できるのです。

持続可能な社会に向けた取り組み

循環基本法では、国や地方公共団体、事業者や国民それぞれの役割と責務が規定されています。事業者や国民には、排出した廃棄物の適切な処理について責任を負う「排出者責任」、生産者には生産した製品が廃棄物になったあとまで一定の責任を負う「拡大生産者責任」があるとしています。生産者は、製品がリサイクル利用されやすくなるための設計の工夫や、材料・成分の表示、廃棄後の製品の回収やリサイクルの実施などが求められています。国民は、ライフスタイルを見直し、廃棄物を出さないようにすることなどが求められています。地方公共団体は、地域ごとの自然的、社会的な条件に応じた施策を行い、国は循環型社会の形成に関する総合的な施策をつくり、具体的な取り組みを進めていくことが求められています。こうして、国、地方公共団体、事業者、国民が一体となって、取り組んでいくことが重要なのです。

下の図のように、持続可能な社会の実現には、3R を通じた「循環型社会」と、地球温暖化の原因となる温室効果ガスの排出量が少ない「低炭素社会」、豊かな自然や生物多様性を守る「自然共生社会」に向けた取り組みをあわせて展開することが求められています。

第2章 公害・環境問題への取り組み

持続可能な社会に向けた統合的な取り組みの展開

出典／環境省パンフレット「循環型社会への新たな挑戦」をもとに作成。

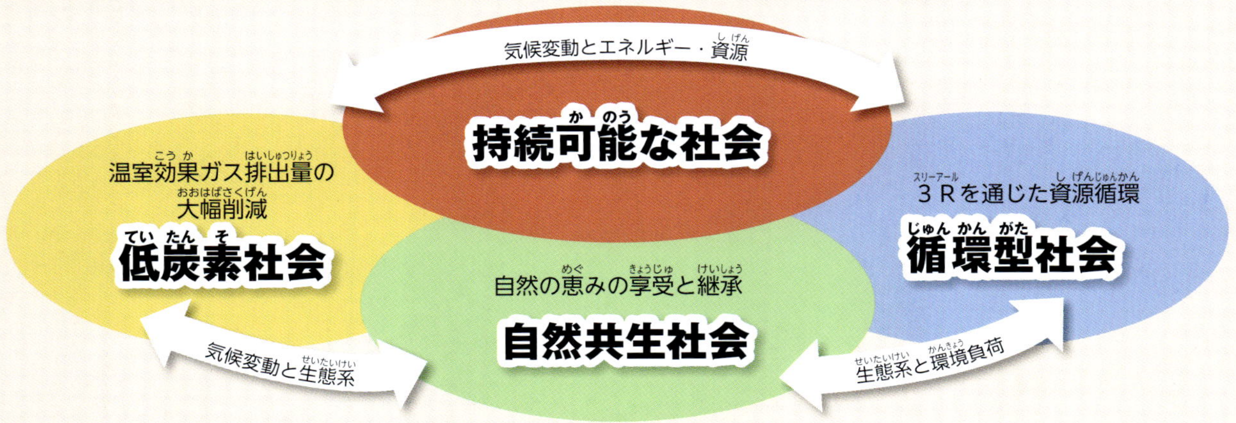

気候変動とエネルギー・資源

持続可能な社会

温室効果ガス排出量の大幅削減
低炭素社会

3R を通じた資源循環
循環型社会

自然の恵みの享受と継承
自然共生社会

気候変動と生態系

生態系と環境負荷

公害・環境問題をへらすため、わたしたちにできること

ふだんの生活を見直す

わたしたちが使っている電気の多くは、石油や石炭、天然ガスを使ってつくられています。このエネルギーをつくるとき、二酸化炭素などの温室効果ガスが排出されています。毎日の生活の中で使う電気の量をへらすと、温室効果ガスの排出をおさえられます。たとえば、テレビや照明のスイッチをこまめに切る、ポットを保温したままにしない、エアコンは適温を守って使うなど、できることはいろいろあります。

日本では、蛇口をひねれば水が出てきます。その水は、川からポンプでくみ上げられて長い距離を運ばれてきたもので、電気をたくさん使っています。そのため、節水することも節電につながります。

環境省のウェブサイトに「こども環境白書」が掲載されています。それを活用して環境問題について、自分たちに何ができるのかを考えてみましょう。

出典／環境省「こども環境白書2019」をもとに作成。

環境問題に取り組むための4つのステップ

→ 次のStepに進む　　⇢ Step1にもどる

Step 1　問題に気づこう
「こども環境白書」で自分の暮らしが環境問題につながっていることに気づく。

Step 2　問題をよく調べよう
気づいた問題について、「こども環境白書」やほかのサイト、本などで調べてみよう。

Step 3　何ができるか考えよう
「こども環境白書」からできることを探したり、周りの人と話し合ったりして、できることを考えてみよう。

Step 4　できることを実行しよう
学校や家、自分でできることを実行してみよう。

自分で…　　家で…　　学校で…

ごみをへらそう―3R

日本に住むわたしたちは、たくさんの物に囲まれて生活しています。地球の資源を使って大量に生産したものを、大量に買って消費し、いらなくなるとすぐに捨ててしまう大量生産・大量消費・大量廃棄のサイクルの中で暮らしています。

人々が豊かな生活をしているうちに、ごみは大きな環境問題となってしまいました。ごみを処理するためには、電気などの多くのエネルギーが使われます。そして、処理できないごみを埋め立てる最終処分場もいっぱいになってきています。

ごみをへらすための取り組み「3R」（→34ページ）は、生産者だけでなく、わたしたちの暮らしにも深く関係しています。下の図は、3Rの行動の例を示したものです。

近年では、この3Rに、Refuse（必要のないものは受け取らない）と、Repair（修理して大切に使う）を加えた、「5R」の実践も呼びかけられています。

環境省では、資源が循環する社会のライフスタイルを「Re-Style」として提唱し、全国の消費者や企業に呼びかけています。消費者一人ひとりが地球の限りある資源の大切さを知り、買い物などの日々の行動を通じて、3Rを実践していくことを目的としています。

たとえば、中身をつめかえられるシャンプーや洗剤を使ったり、リサイクルしてつくられている製品、くり返し使える電池を使用したりするなど、日常生活の中で3Rや5Rを実践できる機会はたくさんあるはずです。

3R にチャレンジしてみよう！

出典／「環境省平成29年度漂着ごみ対策総合検討業務 海洋ごみ学習用教材 小中学生用」をもとに作成。

3Rは、ごみの量をへらす(Reduce)、くり返し使う(Reuse)、再び利用する(Recycle)という意味。資源を大切に使うためにポイントとなる、3つの行動を示している。それぞれの英単語の頭文字「R」をとっている。

Reduce（リデュース） 使う資源やごみの量をへらすこと

たとえば、
- つめかえのできる製品を選んで買おう
- 必要のない包装は断ろう
- レジ袋は断ろう　など

Reuse（リユース） ものをくり返し使うこと

たとえば、
- こわれたものをかんたんに捨てないで修理して使おう
- いらなくなったものは捨てずに、必要な人にゆずろう
- マイはしを持ち歩いて使おう　など

Recycle（リサイクル） 使い終わったものを資源として再び利用すること

たとえば、
- 古新聞や古紙を資源回収に出そう
- リサイクルボックスでごみを分別しよう
- リサイクルされた製品を選んで使おう　など

＋ **Refuse（リフューズ）** 必要のないものは受け取らない ＋ **Repair（リペア）** 修理して大切に使う ＝ **5R（ファイブアール）**

第2章　公害・環境問題への取り組み

使い捨てプラスチックをへらすには

プラスチックごみの現状

わたしたちのまわりには、ペットボトルや食品のトレー、カップめんの容器や包装材、レジ袋、日用品や雑貨のほか、医療用の容器、家電や自動車の部品など、広い範囲にわたって、プラスチック製品が使われています。

プラスチックは、軽くてじょうぶで、加工がしやすく、大量生産が可能で、密封性が高いなどの長所があります。原油を蒸留・分離してできる「ナフサ（粗製ガソリン）」などを原料としていて、ナフサを高温で分解してできるエチレン、プロピレンなどの石油化学基礎製品を組み合わせて、さまざまな種類のプラスチックが作られています。

2022（令和4）年度の日本のプラスチックの生産量は951万tで、国内の消費量は910万t、プラスチックごみの排出量は823万tでした。経済協力開発機構（OECD）では、世界で排出されるプラスチック廃棄物の量は、2019年の3億5,300万tから2060年には10億1,400万tと、ほぼ3倍に増えると予測しています。2060年のプラスチック廃棄物のうち、リサイクルされる割合は17%ですが、管理されずに環境の中にもれだす割合は15%になると予測され、海洋のプラスチックごみ汚染が続くと心配されています（下の図）。

プラスチックのリサイクル方法

日本では、廃棄されたプラスチックは、主に3つの方法でリサイクルされています。

1番目はプラスチックを種類ごとに選別して、再度製品に使う「マテリアルリサイクル」

プラスチックごみの種類
さまざまなプラスチック製品

出典／OECD「Global Plastics Outlook：Policy Scenarios to 2060」をもとに環境省が作成した資料を掲載。

世界のプラスチック廃棄物量

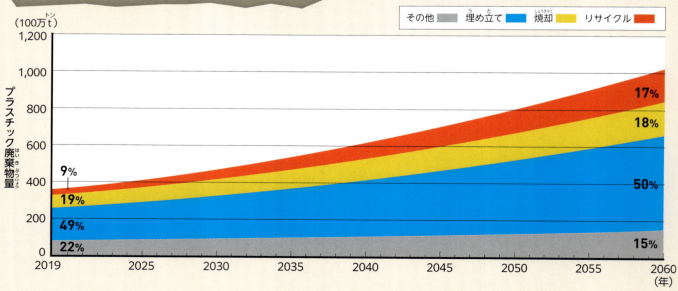

です。2番目は、プラスチックを化学原料の状態にもどし、原料や燃料として再利用する「ケミカルリサイクル」、3番目は、プラスチックを焼却したときに発生した熱を発電などに再利用する「サーマルリサイクル」です。

2022（令和4）年度では、日本国内でのプラスチックごみの排出量の有効利用率は約87%で、マテリアルリサイクルは約22%、ケミカルリサイクルは約3%、サーマルリサイクルは約62%でした。そしてリサイクルされずに焼却したものは約7%、埋め立て処理されたものは約6%でした。

プラスチックの3Rで使い捨てをへらす

わたしたちにできることもあります。出かけるときはマイボトルやマイバッグを持ちましょう。プラスチック製品を使ったあとは、きちんと分別すれば資源としてリサイクルができます。容器包装リサイクル法の対象となるペットボトルやプラスチック製の容器包装には、識別マークがついているので、確認して処理しましょう。

最近注目されているのは、「サーキュラーエコノミー（循環経済）」という考え方です。持続可能な形で資源を最大限に活用する経済のあり方を指します。できるかぎり新しい資源の利用をおさえ、地球上の資源を循環させるように経済システムを変えていくことをめざしています。ペットボトルをもう一度ボトルにする「ボトル to ボトル」水平リサイクルもそのひとつです。

プラスチック・スマート・キャンペーン

2022（令和4）年4月に、「プラスチックに係る資源循環の促進等に関する法律」が施行されました。事業者、消費者、国や地方公共団体が連携しながら、プラスチック製品の設計から廃棄物の処理までにかかわる環境整備を進めるための法律です。

プラスチックの 3R（スリーアール）

Reduce（リデュース） ごみになるものをへらす
〈例〉マイバッグを持参してレジ袋をへらす。使い捨ての食器や容器をへらす。

Reuse（リユース） くり返し使う
〈例〉シャンプーや洗剤はつめかえを使う。ボトルを再使用する。

Recycle（リサイクル） 原材料として再生利用する
〈例〉プラスチックを分別回収し、原料として再利用する。再生プラスチック製品を使う。

プラスチックごみをへらすための行動例

▶マイバッグを持参し、レジ袋はもらわない。
▶マイボトルを持ち歩く。
▶プラスチック製のストローの使用をひかえる。
▶マイはしを持ち歩き、プラスチックのスプーンやフォークを使わない。

▶スーパーなどで食品を小分けにしないで、ポリ袋の枚数をへらす。
▶つめかえ用ボトルなど、くり返し使えるものを選ぶ。
▶海・川・山のレジャーでは、ごみを持ち帰って分別する。

資料／政府広報オンライン「プラスチック・スマート」キャンペーン

環境省では、「プラスチック・スマート」キャンペーンを行っています。ごみ拾いのイベントへの参加やマイバッグの活用などを奨励するほか、自治体やNGO、企業などによるポイ捨てや不法投棄をなくす運動を紹介したり、ホームページを通じてプラスチックの3Rなどの取り組みを国内外に広く発信したりしています。

第2章 公害・環境問題への取り組み

食品ロスをへらすには

食品ロスとは、まだ食べられるのに捨てられてしまう食品のことをいいます。農林水産省と環境省のデータをもとに消費者庁が発表した2022（令和4）年度の統計では、日本で約472万tの食べ物が捨てられていました。食品ロスは、事業系と家庭系に分けられますが、2022年度は事業系と家庭系の食品ロスの量がほぼ同じでした。

事業系の食品ロスには、食品製造や流通、調理のときに発生する規格外品や、スーパーマーケットなどの小売り業者の返品や売れ残り、飲食店などの外食産業で作りすぎた料理やお客さんの食べ残しなどがあります。家庭から出る食品ロスには、買っておいたのに使わずに捨ててしまう食品、料理の食べ残しなどがあります。

国民1人あたりの1日分の食品ロスの量は、約103gで、これはおにぎり約1個分の量です。年間では、1人あたり約38kgの食品を食べずに捨てている計算になります。

食品ロスが発生することの問題点

食品ロスは、環境問題に大きくかかわっています。食材や食品の生産や製造、保存や運搬には、電気やガス、ガソリンなどのエネルギーがたくさん使われています。

また、日本は、食料自給率が38％しかありません。わざわざ世界から多くの食料を輸入しているのに食べないのは、もったいない話です。

捨てられた食品は、可燃ごみとして焼却されます。生ごみは水分を多くふくんでいるために燃えにくく、焼却にはエネルギーが多く必要になります。ごみを運搬したり、焼却したりするときは、温室効果ガスの1種である二酸化炭素（CO_2）が発生します。ごみをへらせば、二酸化炭素の削減にもつながります。

食品ロス発生要因の内訳

出典／環境省「我が国の食品ロスの発生量の推計値（令和4年度）」をもとに作成。

▶日本の食品ロスは472万t。　　　　　　　　　　　　　　農林水産省・環境省「令和4年度推計」
▶食品ロスのうち事業系、家庭系ともに236万t。食品ロスの削減には、事業者、家庭双方の取り組みが必要。

事業系食品ロス（可食部）の業種別内訳

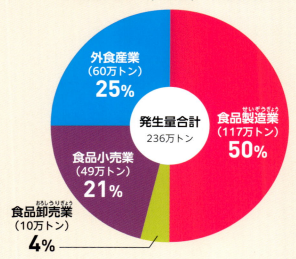

発生量合計 236万トン
- 食品製造業（117万トン）50％
- 外食産業（60万トン）25％
- 食品小売業（49万トン）21％
- 食品卸売業（10万トン）4％

製造・卸・小売事業者	外食事業者
製造・流通・調理の過程で発生する規格外品、返品、売れ残りなどが食品ロスになる。	作りすぎ、食べ残しなどが食品ロスになる。

家庭系食品ロスの内訳

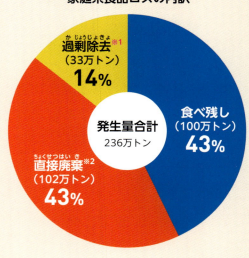

発生量合計 236万トン
- 食べ残し（100万トン）43％
- 直接廃棄※2（102万トン）43％
- 過剰除去※1（33万トン）14％

※1 過剰除去：野菜の皮を厚くむきすぎるなど、食べられる部分が捨てられていること。　※2 直接廃棄：未開封の食品が食べずに捨てられていること。

食品ロスの削減に向けて

食品ロスをへらすためには、わたしたち個人や家庭、食品関連の事業者が、みんなで取り組むことが重要です。家庭から出る食品ロスは、未開封のまま食べずに捨ててしまう「直接廃棄」、野菜の皮や茎など、食べられるところまで切って捨ててしまう「過剰除去」、料理を作りすぎることなどで起こる「食べ残し」が主な原因です。

食品を購入してすぐに食べる場合、店の商品棚の手前にある販売期限のせまった商品を積極的に選ぶ「てまえどり」を環境省が呼びかけています。販売期限がすぎて廃棄されてしまうことによる小売店の食品ロスを削減する効果が期待されています。

消費者庁が作成したパンフレット（右上）に、家庭からの食品ロスをへらすポイントが記載されています。また、各自治体の取り組みは、「全国おいしい食べきり運動ネットワーク協議会」のホームページなどで紹介されています。

消費者庁発行の「計ってみよう！ 家庭での食品ロス」。食品ロスについて説明している冊子で、チェックシートつき。消費者庁のホームページからダウンロードできる。

食品ロスの削減の推進に関する法律

2001（平成13）年に施行された「食品リサイクル法」では、食品事業者は排出する食品廃棄物をへらしたうえで、飼料や肥料、メタンなどに再生利用することが求められています。2019（令和元）年に施行された「食品ロス削減推進法」は、食品ロス削減について国や地方公共団体の責任を明らかにし、社会全体で食品ロス削減に取り組むことをめざしています。

第2章 公害・環境問題への取り組み

食品ロスをへらすための取り組み

出典／消費者庁「家庭での食品ロスを減らそう」をもとに作成。

買い物編

1 買い物の前に、食材をチェック
買い物の前に、冷蔵庫や食品庫にある食材を確認する。
▶メモ書きや撮影をして、買い物をするときの参考にする。
□しょうゆ
□トマト
□にんじん

2 必要な分だけ買う
使う分・食べきれる量だけ買う。
▶まとめ買いを避け、必要な分だけ買って、食べきる。

3 期限表示を知って、かしこく買う
食品の量や使う予定日と照らし合わせて、期限表示を確認する。
▶すぐに使う食品は、棚の手前から取る。

家庭編

1 適切に保存する
▶食品に書かれた保存方法にしたがって保存する。
▶野菜は、冷凍・ゆでるなどの下処理をして、ストックする。

2 食材を上手に使いきる
▶残っている食材から使う。
▶作りすぎて残った料理は、リメイクレシピなどで工夫して消費する。

3 食べきれる量をつくる
▶体調や健康、家族の予定も配慮する。

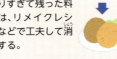

外食編

1 店選び
食品ロスの削減に積極的に取り組む店を選ぶ。
▶料理の量を選べる店に行く。

2 注文
食べられる分だけ注文する。
▶小盛りサイズやハーフサイズを活用する。

3 食事
料理をおいしく食べきる。
▶みんなでシェアして食べきる。

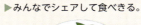

宴会編

1 味わいタイム 0／30／60／90
▶乾杯後の30分はできたての料理を楽しむ。

2 楽しみタイム 0／30／60／90
▶料理を食べることも忘れず、全員で親睦を深める。

3 食べきりタイム 0／30／60／90
▶終了時間前の10分間はもう一度料理を楽しむ。
▶幹事は「食べきり」を呼びかける。

コラム記事
原子力発電所事故による放射性物質の放出

放射線とは

　放射線は、光や電波の仲間です。放射線を出すものを「放射性物質」といい、放射線を出す能力を「放射能」といいます。放射線は目に見えませんが、光が広がるように放射され、多くは物質を通りぬけます。さまざまな種類があって、生物に有害なものもあります。

自然放射線と医療放射線

　わたしたちは、ふだんからある程度、放射線を浴びています。宇宙から飛んでくる放射線もあれば、大地から放たれる放射線もあります。食べ物にも、放射性物質をふくむものがあります。

　放射線は、医療や工業、農業分野などで利用されています。病院で受けるX線撮影にも使われていて、ものを通りぬける力を利用して体のようすを調べて、病気を発見します。放射線を受ける量が少しならば、健康への影響はありません。

原子力発電所の事故

原子力発電のしくみと放射性物質

　原子力発電では、ウラン燃料が使われています。核分裂という反応でウランから発生する膨大な熱エネルギーを利用して電気がつくられています。原子力発電は、発電するときに二酸化炭素をほとんど出さず、少量の燃料で大量の電気をつくることができます。原子炉の中では核分裂によって大量の放射性物質が発生しますが、人体や環境への影響がおよばないように厳重に管理されています。

　ところが、2011（平成23）年3月11日、東北地方太平洋沖地震（東日本大震災）と大津波によって、東京電力福島第一原子力発電所で事故が起きました。発電所の電源が失われて燃料棒を冷やす装置が作動しなくなり、燃料棒がとけて水素爆発が起きました。原子炉の建物などがこわれて、未曽有の事故となり、大量の放射性物資が大気中に放出されてしまったのです。

東日本大震災で事故が起きた、東京電力福島第一原子力発電所の原子炉建屋
2011年11月、事故後初めて報道陣に公開された。屋根も壁もこわれ、骨組みだけになっている。

写真提供／朝日新聞

東京電力福島第一原子力発電所80km圏内における空間線量率の分布

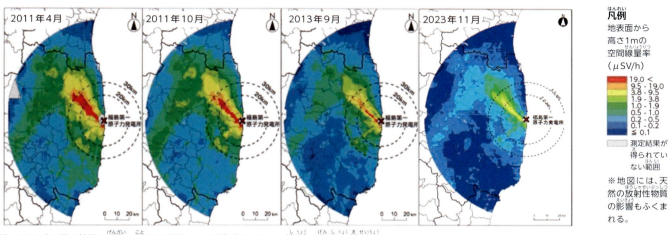

注：2011年4月の地図は現在と異なる手法によって作成された。　　資料：原子力規制庁

放射性物質による汚染から環境が回復していく状況について示す図。一番左は、2011年4月、事故が起きた翌月の状況。一番右が2023年11月時点の状況。福島第一原発から80km圏内の航空機モニタリングによるもので、地表面から高さ1mの空間線量率は、少しずつ減少していることがわかる。

放射性物質は南西方向や北西方向に広がり、東北地方のほか関東地方でも観測されました。放射線を大量に浴びると、人々の健康に影響をあたえます。

政府は原子力発電所の周辺を避難指示区域に指定しました。自主的に避難した人たちもふくめて、約16万人の住民が福島県内や県外に避難し（2012年）、周辺の農業や漁業に大損害をあたえました。

放射性物質に汚染された廃棄物の処理

汚染された地域では、建物や道路を洗い流す、土をけずり取るなど、放射性物質を取りのぞくための除染作業が行われます。除染作業で出た廃棄物は仮置き場に保管され、中間貯蔵施設に運びこまれています。今後、再生資源化されたり、最終処分されたりすることになります。

放射性物質による環境汚染対策についての検討

放射性物質による環境汚染を防止する措置は、原子力基本法などの法律に対応をゆだねていました。2012（平成24）年、法改正がなされ、放射性物質による環境汚染防止措置が環境基本法の対象になります。

汚染地域は、除染作業が終わったところから避難指示区域の指定が解除されていきます。しかし、放射性物質は現在も残っていて、2024年時点で約26,000人が、家に帰れずに避難生活を送っています。

東京電力福島第一原子力発電所。2024年2月24日、福島県大熊町、朝日新聞本社ヘリから撮影。　　写真提供／朝日新聞

公害・環境問題資料集・統計集ガイド
―アクセスして調べてみよう―

公害や環境問題の資料や情報を掲載しているウェブサイトを紹介します。

国立研究開発法人国立環境研究所　環境基準等の設定に関する資料集

国立環境研究所は、地球環境の保全、公害防止、自然環境の保護や整備など、環境の保全に関する調査や研究を広く行っています。<https://www.nies.go.jp/>

❶資源循環分野、環境リスク・健康分野、地球環境保全分野など、さまざまな分野の研究が紹介されています。動画チャンネルでわかりやすく紹介されているものもあります。

❷「環境基準」を検索すると、環境基準のさまざまな項目が出てきます。

❸大気、水質、土壌、騒音など、分野別の「環境基準」を調べることができます。

e-Stat 政府統計の総合窓口　統計で見る日本　公害苦情調査

政府統計の総合窓口（e-Stat）のホームページには、日本の内閣と省庁の700種類以上の調査の統計データがかんたんに検索できるように1か所に集められています。<https://www.e-stat.go.jp/>

❶統計データを探したり、活用したりするには、トップページの「政府統計の総合窓口」から検索します。

❷「公害苦情調査」を検索すると、一覧が出てきます。調べたいものを選び、DB（データベース）ボタンをクリックします。

❸統計表の数字だけでなく、グラフも見ることができます。

e-Gov データポータル 公害問題を調べる

このホームページでは、行政機関が保有するファイルやURLなどの情報が登録されていて、だれでも利用することができます。公害問題や環境問題について調べてみましょう。
<https://data.e-gov.go.jp/info/ja/top>

1 複数の切り口からデータを探すことができます。「公害問題」「地球環境」などの言葉を入力して、検索してみましょう。カテゴリの欄からも検索できます。

2 キーワードを「公害問題」にして検索すると、1,000以上のデータが出てきます。

3 左側にある「カテゴリー」検索を使ってしぼりこむと、調べたい内容に近づきます。

大気・海洋環境観測年報

気象庁が行っている、温室効果ガス、オゾン層・紫外線、海洋汚染などの地球環境に関する観測データを掲載しています。
<https://www.data.jma.go.jp/gmd/env/data/report/data/>

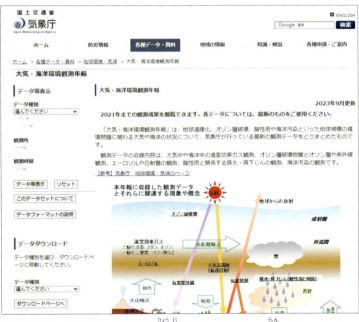

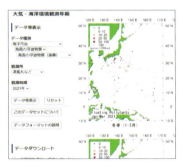

1 画面の左上にある「データ等表示(データ種別)」の欄では、「大気中の温室効果ガス」「オゾン層及び紫外線」などの8つのテーマの中から、検索したいテーマを選ぶことができます。

2 データ等表示(データ種別)の欄で、「海洋汚染」「海面の浮遊物質(画像)」を選ぶと、海面の浮遊物質の位置を知ることができます。

3 「海洋汚染」「海面の浮遊物質(テキスト)」を選ぶと、表示された内容がテキストで出てきます。

45

さくいん

あ行

あ
IC産業　　　　　　　　　　　22
悪臭　　　　　　　　　　　　6,27
アジェンダ(行動計画)　　　　33
アスベスト(石綿)　　　　　　18

い
e-Stat(政府統計の総合窓口)　44
硫黄酸化物(SOx)　　　19,20,28
一次的マイクロプラスチック　21
一酸化炭素　　　　　　　　　11
一般廃棄物　　　　　　　　16,17

う
埋め立て(処理)　　　　　38,39
ウラン燃料　　　　　　　　　42

え
SDGs(持続可能な開発目標)　33
エネルギー起源CO$_2$　　　　32

お
汚染物質　　　　　　21,26,27
オゾン　　　　　　　　　　　19
オゾン層　　　　　　　24,30,45
オゾン層保護ウィーン条約　30,31
オンサイト型土壌洗浄プラント　26
温室効果ガス　25,30,32,33,35,36,45

か行

か
海洋汚染　　　　　　　　30,45
化学物質審査規制法　　　　　22
拡大生産者責任　　　　　　　35
核分裂　　　　　　　　　　　42
過剰除去　　　　　　　　40,41
加速走行騒音　　　　　　　　10
家電リサイクル法　　　　　　35
環境会計　　　　　　　　　　25
環境基準　10,12,13,18,19,23,44
環境基本法　　　　　　　13,43
環境GIS　　　　　　　　　　24
環境省　11,20,23,24,37,39,40,41,45
環境報告書　　　　　　　　　25
環境保全　　　　　22,24,25,44

き
気候変動　　　　　　32,33,35
基準値　　　　　　　23,25,26
気象庁　　　　　　　　　　　45
揮発性有機化合物(VOC)　19,23

京都議定書　　　　　　　32,33
許容限度　　　　　　　　10,11
近接排気騒音　　　　　　　　10
近隣(生活)騒音　　　　　　　14

く
空間線量率　　　　　　　　　43
グリーン購入法　　　　　　　35
グローバル・ストックテイク　33

け
経済協力開発機構(OECD)　　38
ケミカルリサイクル　　　　　39
原子力基本法　　　　　　　　43
原子力発電　　　　　　　　　42
原子炉　　　　　　　　　　　42
建設リサイクル法　　　　　　35
建築基準法　　　　　　　　　15

こ
公害苦情　　　　　　　　6,7,8
公害苦情相談窓口　　　　　6,7
公害苦情調査　　　　6,8,9,44
公害対策基本法　　　　　　　10
公害等調整委員会　　　6,7,14
公害紛争処理制度　　　　　　7
公害紛争処理法　　　　　　　7
光化学オキシダント　　　11,19
光化学スモッグ　　　　　　　19
公共用飛行場周辺における航空機騒音による障害の防止等に関する法律　13
航空機　　　　　　　　10,13
航空機騒音防止法　　　　　　13
交通公害　　　　　　　　　　10
小型家電リサイクル法　　　　35
国土交通省　　　　　　　　　25
国立環境研究所　　　　　24,44
国連気候変動枠組条約　　32,33
国連持続可能な開発サミット　33
国連持続可能な開発に関するハイレベル政治フォーラム(HLPF)　33
こども環境白書　　　　　　　36

さ行

さ
サーキュラーエコノミー(循環経済)　39
サーマルリサイクル(熱回収)　34,39
削減目標　　　　　　　　32,33
砂漠化　　　　　　　　　　　30
酸化性物質　　　　　　　　　19
産業廃棄物　　　　　　9,16,17,28

酸性雨　　　　　　　18,20,30
残留性有機汚染物質(POPs)　31

し
CSR(企業の社会的責任)　　　25
紫外線　　　　　　　19,21,45
資源有効利用促進法　　　　　35
自然共生社会　　　　　　　　35
持続可能な開発目標(SDGs)　33
自動車交通公害　　　　　　　10
自動車騒音　　　　　　　　　10
自動車排出ガス規制　　　　　29
自動車排出ガス測定局　　　　11
自動車リサイクル法　　　　　35
地盤沈下　　　　　　　　　　6
遮音壁　　　　　　　　　　　11
重金属　　　　　　　　23,26
集じん装置(ばいじん除去装置)　28
受信妨害　　　　　　　　　　9
循環型社会　　　　　17,34,35
循環型社会形成推進基本法　17,34
循環基本法　　　　　　34,35
焼却(野焼き)　　　　　　　　8
消費者庁　　　　　　　40,41
食品リサイクル法　　　　35,41
食品ロス　　　　　　　40,41
食品ロス削減推進法　　　　　41
除染作業　　　　　　　　　　43
シリコンバレー　　　　　　　22
新幹線鉄道騒音　　　　　　　12
新幹線鉄道騒音対策要綱　　　12
振動　　　6,7,8,10,11,12,25
振動規制法　　　　　　　　　25

す
水質汚濁　　　　　　6,8,23,24
水質汚濁防止法　　　　　　　23
水素爆発　　　　　　　　　　42
スクラバー　　　　　　　　　27
ストックホルム条約(POPs条約)　31
3R　　　　　　　　34,35,37,39

せ
生態系　　　　　　　30,32,35
生物多様性　　　　　　　30,33
政府統計の総合窓口(e-Stat)　44

そ
騒音　6,7,8,10,11,12,13,14,25,26
騒音規制法　　　　　　　10,25
そらまめくん　　　　　　　　24

た行

た
ダイオキシン類‥‥‥‥‥‥18,28,31
ダイオキシン類対策特別措置法‥‥‥18
大気汚染‥‥‥‥6,8,11,16,24,27,30
大気汚染防止法‥‥‥‥‥11,18,23,28
大気・海洋環境観測年報‥‥‥‥‥45
代替フロンガス‥‥‥‥‥‥‥‥22
第二種特定化学物質‥‥‥‥‥‥22

ち
地球温暖化‥‥‥‥‥24,25,30,32,35
地球環境問題‥‥‥‥‥‥‥‥30
窒素酸化物(NOx)‥‥‥‥‥11,19,20
直接廃棄‥‥‥‥‥‥‥‥40,41
地理情報システム(GIS)‥‥‥‥‥24

つ
通風妨害‥‥‥‥‥‥‥‥‥‥9

て
ディーゼルエンジン‥‥‥‥‥28,29
ディーゼル酸化触媒(DOC)‥‥‥‥29
ディーゼル車‥‥‥‥‥‥‥11,29
ディーゼル排気微粒子(DEP)‥‥‥29
ディーゼル排気微粒子除去フィルター
　(DPF)‥‥‥‥‥‥‥‥‥29
低周波音‥‥‥‥‥‥‥‥‥‥14
低騒音型・低振動型建設機械‥‥‥25
低炭素社会‥‥‥‥‥‥‥‥‥35
テトラクロロエチレン‥‥‥‥22,23
てまえどり‥‥‥‥‥‥‥‥‥41
電気自動車‥‥‥‥‥‥‥‥‥11
典型7公害‥‥‥‥‥‥6,7,9,14

と
東海道新幹線‥‥‥‥‥‥‥‥12
東京電力福島第一原子力発電所‥‥42,43
道路交通公害‥‥‥‥‥‥‥‥10
道路交通法‥‥‥‥‥‥‥‥‥10
特別管理一般廃棄物‥‥‥‥‥‥16
特別管理産業廃棄物‥‥‥‥‥‥16
都市・生活型公害‥‥‥‥‥8,9,24
土壌汚染‥‥‥‥‥‥‥‥‥6,30
土壌洗浄‥‥‥‥‥‥‥‥‥‥26
都道府県公安委員会‥‥‥‥‥‥10
トリクロロエチレン‥‥‥‥‥22,23

な行

な
名古屋新幹線公害訴訟‥‥‥‥‥‥12

ナフサ(粗製ガソリン)‥‥‥‥‥38

に
二酸化硫黄‥‥‥‥‥‥‥‥‥11
二酸化炭素(CO_2)‥‥‥30,32,36,40,42
二酸化窒素‥‥‥‥‥‥‥‥‥11
二次的マイクロプラスチック‥‥‥21
日照権‥‥‥‥‥‥‥‥‥‥‥15
日照不足‥‥‥‥‥‥‥‥‥9,15

の
農林水産省‥‥‥‥‥‥‥‥‥40

は行

は
バーゼル条約‥‥‥‥‥‥‥‥31
ばい煙‥‥‥‥‥‥‥‥‥‥‥19
排ガス(排出ガス)‥9,10,11,18,26,27,29
廃棄物‥‥‥‥‥‥‥8,9,16,17,24,25,
　　　　　　　31,34,35,38,39,41,43
廃棄物処理計画‥‥‥‥‥‥‥‥17
廃棄物投棄‥‥‥‥‥‥‥‥‥6,9
廃棄物の処理及び清掃に関する
　法律(廃棄物処理法)‥‥‥16,17,18,35
排出ガス(排ガス)‥9,10,11,18,26,27,29
排出者責任‥‥‥‥‥‥‥‥‥35
ばいじん‥‥‥‥‥‥‥‥‥16,28
ばいじん除去装置(集じん装置)‥‥‥28
ハイテク汚染‥‥‥‥‥‥‥‥22
ハイブリッド自動車‥‥‥‥‥‥11
白骨化現象‥‥‥‥‥‥‥‥‥20
パリ協定‥‥‥‥‥‥‥‥‥‥33

ひ
pH‥‥‥‥‥‥‥‥‥‥‥‥‥20
PM2.5(微小粒子状物質)‥‥‥‥19
PCB(ポリ塩化ビフェニル)‥‥‥‥31
PFAS‥‥‥‥‥‥‥‥‥‥‥20
日影規制‥‥‥‥‥‥‥‥‥‥15
東日本大震災‥‥‥‥‥‥‥‥42
光害‥‥‥‥‥‥‥‥‥‥‥‥15
非メタン炭化水素‥‥‥‥‥‥‥11

ふ
5R‥‥‥‥‥‥‥‥‥‥‥‥‥37
風車‥‥‥‥‥‥‥‥‥‥‥‥14
不法投棄‥‥‥‥‥‥‥‥9,24,39
浮遊粒子状物質(SPM)‥‥‥‥‥11
プラスチック(類)‥‥‥‥16,17,21,30,
　　　　　　　　　　　31,38,39
プラスチック・スマート‥‥‥‥‥39

プラスチックに係る資源循環の
　促進等に関する法律‥‥‥‥‥39
フロンガス‥‥‥‥‥‥‥‥‥30
粉じん‥‥‥‥‥‥‥‥‥19,27,28
分別回収‥‥‥‥‥‥‥‥‥17,35

ほ
防衛施設周辺の生活環境の
　整備等に関する法律‥‥‥‥‥13
防音壁‥‥‥‥‥‥‥‥‥‥‥12
放射性物質‥‥‥‥‥‥‥‥42,43
放射線‥‥‥‥‥‥‥‥‥‥42,43
ボトル to ボトル‥‥‥‥‥‥‥39
ポリ塩化ビフェニル(PBC)‥‥‥‥31

ま行

ま
マイクロプラスチック‥‥‥‥‥21
マテリアルリサイクル(再生利用)‥‥34,38,39

も
モントリオール議定書‥‥‥‥30,31

や行

ゆ
有機塩素系溶剤‥‥‥‥‥‥‥22
有機フッ素化合物‥‥‥‥‥‥20

よ
容器包装リサイクル法‥‥‥‥35,39
要請限度‥‥‥‥‥‥‥‥‥‥10

ら行

り
リサイクル(再利用)‥‥‥‥17,34,35,
　　　　　　　　　　37,38,39
Re-Style‥‥‥‥‥‥‥‥‥‥37
リデュース
　(廃棄物等の発生抑制)‥‥34,37,39
リフューズ‥‥‥‥‥‥‥‥‥37
リペア‥‥‥‥‥‥‥‥‥‥‥37
粒子状物質(PM)‥‥‥‥‥‥11,29
リユース(再使用)‥‥‥‥‥34,37,39

ろ
労働安全衛生法‥‥‥‥‥‥‥18
労働災害‥‥‥‥‥‥‥‥‥‥22
ろ過式集じん装置
　(バグフィルター)‥‥‥‥‥28
ロッテルダム条約(PIC条約)‥‥‥31

「四大公害病と環境問題」全4巻

A4変型判　各巻48ページ　C8336　NDC519

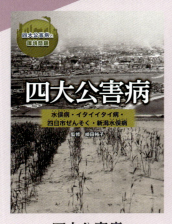
四大公害病
水俣病・イタイイタイ病・
四日市ぜんそく・新潟水俣病

健康被害を引き起こす公害
大気汚染・水質汚濁・土壌汚染

生活環境をそこなう公害
騒音・振動・地盤沈下・悪臭

新しい公害と環境問題
交通公害・日照不足・有害物質 ほか

■ 監修　崎田裕子（さきたゆうこ）

ジャーナリスト・環境省登録の環境カウンセラー。1974年、立教大学社会学部卒業。(株)集英社で11年間雑誌編集の後、フリージャーナリストに。生活者・地域の視点から環境問題に関心を持ち、近年は「持続可能な社会」を中心テーマに、気候変動対策や循環型社会づくりに取り組んでいる。「全国おいしい食べきり運動ネットワーク協議会」会長、早稲田大学招聘研究員。「中央環境審議会」「総合資源エネルギー調査会」等委員として、政策検討にも参加してきた。NPO法人新宿環境活動ネット代表理事として、環境学習を推進。NPO法人持続可能な社会をつくる元気ネット前理事長。

四大公害病と環境問題
新しい公害と環境問題
交通公害・日照不足・有害物質 ほか

初版発行／2025年3月

■ 写真提供・協力(順不同)
朝日新聞社　毎日新聞社　株式会社 加藤製作所　株式会社クボタ　清水建設株式会社　株式会社カルモア　フォトライブラリー　Shutterstock
なお、写真や資料などご協力いただきました団体や組合などの名称は、各掲載ページに記載させていただいています。

●編集　株式会社　アルバ
●編集協力・執筆協力・校正　斉藤道子(OFFICE BLEU)　砂野加代子
●イラスト作成　門司恵美子　能勢明日香(チャダル108)
●校正　望月裕美子
●デザイン・DTP　門司美恵子　能勢明日香(チャダル108)

監　修　崎田裕子
発行所　株式会社 金の星社
　　　　〒111-0056 東京都台東区小島1-4-3
　　　　TEL 03-3861-1861(代表)
　　　　FAX 03-3861-1507
　　　　振替 00100-0-64678
　　　　ホームページ https://www.kinnohoshi.co.jp
印　刷　広研印刷株式会社
製　本　株式会社難波製本
■48ページ　29.3cm　NDC519　ISBN978-4-323-06784-1

乱丁落丁本は、ご面倒ですが、小社販売部宛てにご送付ください。送料小社負担でお取り替えいたします。
©Aruba,2025 Published by KIN-NO-HOSHI SHA, Printed in Japan.

[JCOPY] 出版者著作権管理機構 委託出版物
本書の無断複写は著作権法上での例外を除き禁じられています。複写される場合は、そのつど事前に、出版者著作権管理機構(電話 03-5244-5088、FAX 03-5244-5089、e-mail: info@jcopy.or.jp)の許諾を得てください。
※本書を代行業者等の第三者に依頼してスキャンやデジタル化することは、たとえ個人や家庭内での利用でも著作権法違反です。

金の星社は1919(大正8)年、童謡童話雑誌『金の船』(のち『金の星』に改題)創刊をもって創業した最も長い歴史を持つ子どもの本の専門出版社です。

よりよい本づくりをめざして
お客様のご意見・ご感想をうかがいたく、読者アンケートにご協力ください。ご希望の方にはバースデーカードをお届けいたします。アンケートご入力画面はこちら！
https://www.kinnohoshi.co.jp